JOURNAL HISTORIQUE

DE LA CAVALERIE LÉGÈRE

DU 5° CORPS DE CAVALERIE.

On trouve chez le même libraire.

Mon dernier mot sur le corps royal d'état-major, par le colonel Lecouturier. — in-8º.

Exposé des Droits des Titulaires de dotations, par le colonel Salel. — in-8º.

JOURNAL HISTORIQUE

DE LA DIVISION

DE CAVALERIE LÉGERE

DU

5ᵉ CORPS DE CAVALERIE,

PENDANT LA CAMPAGNE DE FRANCE EN 1814;

Par M. Auguste PÉTIET.

« O guerriers qui avez combattu vingt ans pour la patrie, que vos noms lui sont chers! l'étranger les prononce avec respect, les Français avec orgueil. »

PARIS,

Chez CORRÉARD, libraire, au Palais-Royal.

—

Février 1821.

Imprimerie de madame JEUNEHOMME-CRÉMIÈRE,
rue Hautefeuille, n° 20.

AVANT-PROPOS.

On a dit que pendant la mémorable campagne de 1814, l'empereur Napoléon avait retrouvé le talent militaire du général Bonaparte. Cependant, les bulletins étrangers et français se sont accordés à diminuer sa gloire, en grossissant le nombre de ses troupes. Napoléon, ayant refusé d'armer quelques départemens où l'approche de l'ennemi avait ranimé l'héroïque patriotisme de 92, ne voulait pas avouer que l'armée n'était guère que de cent mille hommes disséminés sur toutes les frontières. Il se flattait que la valeur française et l'habile célérité de ses manœuvres multiplieraient ses soldats, et il comptait toujours sur sa fortune.

D'ailleurs, les alliés qui avaient pris soin d'apprendre au monde qu'ils poussaient contre la France un million de combattans, et qui, néanmoins, se voyaient partout arrêtés et presque toujours battus, n'osaient déclarer combien nous leur étions inférieurs en nombre.

L'auteur *des Mémoires pour servir à l'histoire de la campagne de 1814*, M. Koch, a senti qu'il fallait corriger par des documens particuliers, les mensonges politiques des bulletins. Son ouvrage lui a coûté d'immenses recherches faites avec discernement et dont il aurait tiré un plus grand avantage, si tous les chefs d'état-major avaient publié, comme le colonel Fabvier, les rapports des opérations de leur division, ou corps d'armée; ces rapports sont les guides nécessaires de l'historien.

Je suivrai, un peu tard à la vérité, mais non sans espoir d'être utile, l'exemple donné par le colonel Fabvier. Je regrette de n'avoir à faire connaître que le journal d'une simple division. Le détail des mouvemens d'une aussi faible fraction de l'armée, quoiqu'ils se rattachent quelquefois aux opérations générales de la campagne, ne peut fixer l'attention que d'un petit nombre de lecteurs; mais si je contribue à faire éviter quelques erreurs que pourraient commettre encore les rédacteurs des *Victoires et Conquêtes*, si je mets au jour la conduite brillante d'une poignée de braves sans cesse aux prises avec des forces supérieures, j'aurai payé ma dette envers mes anciens compagnons d'armes. Les vieux hussards et chasseurs mériteraient tous une mention honorable. Je n'ai pu obtenir l'historique de chaque régiment; il a donc fallu, en rendant justice à l'intrépidité et au dévouement de la division de cavalerie légère, renoncer à faire l'éloge particulier de chacun de ses membres.

TABLEAU NUMÉRIQUE

DU CINQUIÈME CORPS DE CAVALERIE, AU 21 DÉCEMBRE 1813.

Hommes montés combattans.

Le général de division comte MILHAUD, commandant en chef.
L'adjudant-commandant CHASSERIAU, chef d'état-major.
M. J GOIS, faisant fonctions d'ordonnateur.
M. FROMENTIN DE SAINT-CHARLES, faisant fonctions d'inspect. aux revues.

CAVALERIE LÉGÈRE.
Le général de divis. Piré.
(L'adj.-com. Aug. Petiet) chef d'état-major.

- Le gén. de brig. Subervie.
  - 3e de Hussards, Capitaine Barthelemi, 278
  - 26e de Chasseurs, Colonel Miller. 207
- Le gén. de brig. Dermoncourt.
  - 14e de Chasseurs, Chef d'escad. Arnaudet. 234
  - 27e de Chasseurs, Major Muteau. 231

Total : 1050

1re division de Dragons.
Le gén. de brig. Collaërt.
(L'adj.-com. Contamines) chef d'état-major.

- Le gén. de brig. Montélégier.
  - 2e de Dragons, Colonel Hoffmayer. 349
  - 6e de Dragons, Colonel Musnier. 321
  - 11e de Dragons, Colonel Thévenet. 382
- Le gén. de brig. Ludot.
  - 13e de Dragons, Major de Ligniville. 220
  - 15e de Dragons, Colonel Boudinot. 336

Total : 1,608

2e division de Dragons.
Le gén. de div. l'Héritier.
(L'adj.-comm. Soubeiran chef d'état-major.

- Le gén. de brig. Lamotte.
  - 18e de Dragons, Colonel Dard. 218
  - 19e de Dragons, Colonel Mermet. 246
  - 20e de Dragons, Colonel Desargus. 164
- N...
  - 22e de Dragons, Chef d'escadron Adam. 283
  - 25e de Dragons, Chef d'Escadron Casener. 263

Total : 1,164

RÉCAPITULATION.

Cavalerie légère . . . 1.050
1re div. de dragons . . 1.603
2e div. de dragons . . 1,164

Total : 3,359

Effectif en hommes (1), *du cinquième corps de cavalerie, au 21 juin 1814, époque de sa dissolution.*

Cavalerie légère.	624
1re division de dragons. . .	882
2e division de dragons. . .	1,027
	2,533

(1) Y compris tous les hommes du dépôt et des régimens provisoires.

JOURNAL HISTORIQUE

DE

LA CAVALERIE LÉGÈRE

DU CINQUIÈME CORPS DE CAVALERIE.

Victorieuse sous les murs de Dresde, triomphante encore le 16 octobre à Leipzig, mais inopinément abandonnée et attaquée par les Saxons, au milieu de la bataille du lendemain, l'armée française dut songer à la retraite. Malgré la défection de tous ses alliés, on la vit culbuter à Hanau, les Austro-Bavarrois, qui prétendaient lui barrer le passage, et vers le commencement de novembre 1813, elle vint se réorganiser sur la gauche du Rhin.

L'empereur Napoléon, déterminé dans le cas où la guerre se prolongerait encore à remettre sur le trône de Charles IV, le prince Ferdinand détenu à Valançai, rappelait successivement ses vieilles troupes de l'Espagne. Des régimens de dragons et de cavalerie légère, après avoir passé les Pyrénées et le Rhin, furent formés en divisions à Wurtzbourg, par les soins du maréchal Augereau, et se mirent en marche pour l'armée, le 7 septembre 1813.

Le cinquième corps de cavalerie, confié au général comte Milhaud, se composa : 1º D'une division de dragons, sous les ordres du général de division l'Héritier, 2º d'une autre division de dragons, sous les ordres du général de brigade Collaert; et 3º d'une division de cavalerie légère, dont le général de division Piré prit le commandement le 16 octobre (1).

Elle se formait : 1º Du 3e de hussards, et du 27e de chasseurs, commandés, l'un par le capitaine Barthélemi; l'autre par le major Muteau, composant la 1re brigade, sous les ordres du général Subervic;

2º Du 14e et du 26e de chasseurs, commandés par le chef d'escadron Arnaudet, et par le colonel Miller, seconde brigade sous les ordres du général Dermoncourt.

L'adjudant commandant, Auguste Pétiet, nommé le 7 novembre, chef d'état-major de cette division, la rejoignit dans ses cantonnemens, le 19, à son quartier-général de Gaubekelheim.

Elle avait déjà souffert à la bataille de Leipzig

---

(1) Jusqu'à cette époque la cavalerie légère était restée provisoirement sous les ordres du général de brigade, Subervic.

et aux combats qui l'avaient précédée ou suivie, et se trouvait réduite à 1050 hommes montés (Voir le tableau); mais un excellent esprit compensait sa faiblesse numérique.

Le maréchal duc de Raguse commandait la ligne du Rhin, depuis la Queich et Landau, appuyant sa droite au duc de Bellune, placé à Strasbourg jusqu'à Andernach; et appuyant sa gauche au maréchal duc de Tarente, placé à Cologne. Le comte Milhaud était à droite au pied des montagnes Dahlsheim et Lamersheim (1).

Le 5e corps de cavalerie étendit ses cantonnemens dans les environs de Mayence, deux batteries d'artillerie légère furent attachées à ce corps qui fit partie des troupes sous les ordres de M. le maréchal duc de Raguse.

Le 27 novembre, pour assurer la subsistance de l'armée, on changea encore les cantonnemens, la cavalerie légère s'établit à Woirstadt. Le général comte Nansouty en passa la revue par mission spéciale de l'empereur. L'armement et l'équipement de la division étaient en mauvais état; cependant le général Piré n'obtint pas de matériel des dépôts.

Une maladie épidémique régnait à Woirstadt, causée par la misère des habitans et le séjour

---

(1) Journal des opérations du 6e corps, par M. le colonel Fabvier.

prolongé des malades et blessés de l'armée. Le général de division, autorisé par le duc de Raguse, avait reçu des maires des rations de vin pour sa troupe. Cette mesure arrêta la mortalité qui fit tant de ravages dans les autres corps de l'armée, mais on sentit la nécessité de ne plus laisser de garnison sur ce point. Le 1er décembre, le quartier-général quitta cette ville, et se rendit le lendemain à Westhofen.

La grande armée alliée ayant fait un mouvement sur sa gauche pour se concentrer vers la forêt Noire, menaçait (malgré la neutralité de la Suisse) de passer le pont de Bâle. Le 5e corps de cavalerie fut envoyé au maréchal duc de Bellune, et le général Milhaud partit le 16 pour Strasbourg.

Le 2e corps d'infanterie comptait à cette époque environ neuf mille baïonnettes, et le 5e corps de cavalerie trois mille huit cents chevaux. Le maréchal duc de Bellune devait prendre sur cette force des détachemens pour compléter les garnisons de Strasbourg, Schlestadt, Brisach et Huningue. Le 2e corps couvrait seul l'étendue de Bâle à Strasbourg.

Combat de Sainte-Croix.

La cavalerie légère quitta Westhofen le 16, et arriva le 21 à Strasbourg où elle resta le 22. Ce jour même l'ennemi ayant fait quelques démonstrations sur la rive droite du fleuve, la division fut placée en observation depuis Drusenheim, au-dessous de Strasbourg, jusqu'à Gersten, plusieurs lieues au-dessus de cette place; mais bientôt le maréchal, apprenant que l'ennemi se dirigeait en grande force sur le pont de Bâle, prit le parti de détacher tout le 5e corps sur Colmar, en le faisant appuyer par quelques bataillons d'infanterie. Ce mouvement s'exécuta sans délai, la gauche en tête, la cavalerie légère, par la division nombreuse de ses détachemens sur le Rhin, ayant besoin de quelques heures pour se réunir. Nous nous mîmes en marche le 23, et passâmes la nuit à Schlestadt. Par suite de cette disposition, la tête de la colonne, composée de la division du général Collaert, rencontra le lendemain une avant-garde de mille chevaux établie en avant de Sainte-Croix, sous les ordres du colonel Schleiber, partisan autrichien. La brigade Montélégier attaqua Sainte-Croix, et tourna la position. Les 2e, 6e et 11e de dragons, commandés par les colonels Hoffmayer, Musnier et Thevenez, fournirent une charge vigoureuse, culbutèrent l'ennemi, et le poursuivirent jusqu'à deux lieues au-delà de Sainte-Croix. L'ennemi perdit deux cents hommes et soixante prisonniers presque tous blessés, entre autres le colonel Traugwitz du 2e pulk de Cosaques, qui, le lendemain, mourut de ses blessures à Colmar.

Le 24 au soir la cavalerie légère se plaça à

Sainte-Croix, après avoir établi des postes sur son front, et poussant des partis sur la route de Bâle. Les deux divisions de dragons se mirent en seconde ligne à Colmar et environs, le général Milhaud fit néanmoins prendre poste à un régiment à la gauche et en arrière de la cavalerie légère au village de Sundhofen.

Le 28, le général Dermoncourt fut détaché avec le 27e de chasseurs pour couvrir Neuf-brisach, et il se plaça de sa personne à Algotzheim, en avant de cette place, dirigeant des reconnaissances sur les bords du Rhin, éclairant la grande route de Bâle. Le général Collaert reçut l'ordre en même-temps d'envoyer un escadron de dragons à la position du général Jamin, établi à Guémar, pour lier cette division d'infanterie avec le général Dermoncourt.

Sainte-Croix est un gros bourg à cheval sur la grande route de Bâle à Colmar, à deux lieues en avant de cette dernière ville; de forme circulaire, il est entouré d'un large fossé marécageux, qu'on traverse sur un pont vers l'entrée, du côté de Colmar; il est situé dans une plaine découverte qui se prolonge jusqu'à Enzisheim, où étaient les avant-postes de l'armée austro-bavaroise.

Le général Piré ne fut pas long-temps à reconnaître que la position de Sainte-Croix était dangereuse, et que la division n'ayant pas d'infanterie pour la soutenir, devait bivouaquer en arrière du village. Ses réclamations à cet égard, n'eurent pas le succès qu'il en espérait, et on ne crut pas nécessaire, par le froid excessif qu'il faisait alors, de tenir les chevaux hors des écuries. Les trois régimens de la division s'enfermaient dans le bourg dont on avait barricadé l'entrée ; l'avant-garde se postait aussi loin que possible du côté de l'ennemi, et on n'avait oublié aucunes mesures de précaution pour être averti à temps en cas d'alerte. En outre, les régimens reçurent l'ordre de monter à cheval une heure avant le jour, et de se former en bataille en arrière de Sainte-Croix, où ils ne rentraient qu'après le retour des reconnaissances. Cependant l'ennemi pouvait arriver au galop presqu'en même temps que les grands'gardes, et surprendre le bourg. Tous les jours quelques Allemands, que les circonstances engageaient à nous quitter, devaient dévoiler nos moyens de défense, et nos précautions pour rendre tenable ce poste militaire. La division resta dans cette position difficile jusqu'au 30. On nous avait promis de l'infanterie; mais nous restâmes livrés à nos propres forces.

D'après le rapport de nos déserteurs, l'ennemi conçut le projet de nous enlever. A la faveur d'un brouillard épais, le général, commandant à Enzisheim, partit le 31 avec un corps composé des régimens de Schwartzenberg hulans, de l'achiduc Joseph hussards, et de quelques compagnies de chasseurs tyroliens, le tout formant quinze cents chevaux, et deux cent cinquante hommes d'infanterie. La plaine ne présentant aucun obstacle, comme nous l'avons déjà dit, il plaça ses régimens en colonne, à droite et à gauche de la route, son infanterie au centre, sur le grand chemin, portée sur des charriots bien attelés, et c'est en cet ordre qu'il se mit en mouvement. Quoique nos reconnaissances n'eussent rien aperçu, le général Piré, à cause du brouillard qui s'était élevé, n'avait point fait rentrer les régimens dans le village, à l'heure accoutumée. L'ennemi, parvenu à la hauteur de nos grand's gardes, charge sans hésitation et culbute nos avant-postes, arrive en même temps qu'eux à Sainte-Croix, croyant qu'à neuf heures du matin, d'après les renseignemens qu'il avait reçus, tous les chevaux seraient débridés dans les écuries. Les barricades ayant été déplacées par nos premiers fuyards, une partie de la cavalerie autrichienne pénétra dans le bourg, pendant que ses colonnes de droite et de gauche tentèrent de cerner Sainte-Croix, espèce de pâté placé, comme on l'a vu ci-dessus, sur les deux côtés de la route, au milieu d'une plaine d'une vaste étendue. Cette entreprise, bien conçue et bien exécutée, aurait réussi si la division française, familiarisée avec la guerre de troupes légères, n'avait eu l'habitude de se bien garder.

Les cavaliers autrichiens ne s'étant arrêtés qu'au-delà du pont de sortie où ils furent surpris de trouver la division en bataille, plusieurs charges des divers régimens de la division eurent lieu pour l'occupation de Sainte-Croix, qui fut disputé avec opiniâtreté. Le 14e de chasseurs, par une attaque vigoureuse, parvint enfin à en chasser l'ennemi ; mais l'infanterie tyrolienne s'étant montrée, le général Piré ordonna l'évacuation du village, jusqu'à ce qu'il pût vérifier qu'elle était la force et l'intention de l'ennemi. Ce dernier plaça son infanterie à Sainte-Croix et sa cavalerie en réserve. Il s'aperçut bientôt que son opération était manquée, puisqu'en fouillant le bourg, il n'avait pu faire un seul prisonnier, et il se décida à la retraite, profitant encore du brouillard, qui ne permit de le faire suivre que par quelques pelotons de tirailleurs. La perte de l'ennemi, dans cette entreprise où il comptait nous enlever tous, fut d'une centaine d'hommes tués ou blessés, dont trente restèrent sur le champ de bataille ; on ramena les autres blessés dans six charriots, au dire des paysans d'Enzisheim, qui vinrent nous en faire le rapport le lendemain. La division eut dix-neuf hommes hors de combat ; M. Jennot, adjudant-major du 14e de chasseurs, fut grièvement blessé.

Le général comte Milhaud ayant réuni ses trois divisions, fit une forte reconnaissance avec toute sa cavalerie, et vérifia que ce n'était point un mouvement d'armée, mais un simple coup de main de l'ennemi. Le soir les troupes reprirent leurs positions à l'exception de la cavalerie légère qui, laissant un escadron de service à Sainte-Croix, se plaça plus militairement à gauche, au village de Sundhofen.

Le 3 janvier, le général comte Grouchy, commandant en chef la cavalerie de l'armée, informé que l'armée austro-bavaroise tout entière se portait en avant, donna l'ordre de la retraite. A six heures du matin, la cavalerie légère se rangea en bataille en arrière de Sainte-Croix, à la tête du défilé et du bois qui couvre Colmar. Les tirailleurs ennemis parurent, le mouvement de retraite s'exécuta, et nous ne fûmes pas vivement poursuivis. Nous traversâmes Colmar dont les loyaux habitans étaient dans la consternation; plusieurs fois ils avaient demandé des armes au chef du gouvernement pour défendre leur pays de l'invasion étrangère. Napoléon craignant de voir tourner ces armes contre son trône chancelant, refusa d'utiliser le dévouement et le zèle des Alsaciens, dont la plupart anciens militaires, auraient pu rendre de grands services à la patrie.

Le général Dermoncourt, qui venait de rejoindre la division avec le 27e de chasseurs, reçut l'ordre du général en chef Grouchy, de se rendre de sa personne à Neuf-brisach et de prendre le commandement de cette place qu'il conserva glorieusement, jusqu'à la paix, avec une très-faible garnison.

A la sortie de Colmar, tout le 5e corps de cavalerie se mit en bataille, l'ennemi déboucha et déploya une vingtaine d'escadrons pour couvrir l'occupation de la place. Le 5e corps se retira en échelons; on tirailla pendant une partie de la journée, et tandis que la marche rétrograde avait lieu. L'ennemi cessa de se montrer à la hauteur de Guémar. La cavalerie légère arriva avec les deux divisions de dragons aux environs de Schlestadt.

Le 4, d'après les ordres du maréchal duc de Bellune, le 5e corps se réunit, et se porta sur Epfig, où il s'établit. Les postes d'arrière-garde de la division n'eurent point connaissance de l'ennemi ce jour-là : les patrouilles du lendemain ne le découvrirent pas non plus.

Le 5, les troupes montèrent à cheval au point du jour. Le général de division Briche vint prendre le commandement de la division de dragons commandée depuis sa formation par le général Collaert, qui se plaça à la tête de la 2e brigade des dragons l'Héritier. A dix heures la cavalerie continua sa retraite sur les Vosges, et traversant Andlau, dont les braves habitans, comme tous ceux de l'Alsace, demandaient ardemment à prendre part à la défense commune, elle alla passer la nuit à Viche. Là elle se réunit à l'infanterie d'arrière-garde de M. le duc de Bellune qui venait d'y arriver de Strasbourg par Mohlsheim. La cavalerie légère fut attachée provisoirement à cette arrière-garde dont le général Duhesme, plus ancien de grade que le général Piré, eut le commandement.

Le 6, le quartier-général de l'arrière-garde se plaça à Raon-l'Etape, laissant un poste à Senones et s'éclairant sur Saint-Dié et Rambervillers; les dragons, avec le comte Milhaud, cantonnèrent à Baccarat. On apprit que le même jour un parti ennemi peu nombreux était entré à Saint-Dié, venant de Sainte-Marie aux mines, où il était retourné après avoir commandé des vivres dans la première ville. On s'attendait d'un instant à l'autre à voir déboucher les alliés en grande force sur ce point.

Le 7, un détachement d'infanterie et de cavalerie de l'arrière-garde s'étant porté sur Saint-Dié, y enleva les vivres préparés pour l'ennemi, et les ramena à Raon, malgré deux ou trois cents hommes d'infanterie bavaroise, et à peu près deux cents chevaux autrichiens qui voulurent s'y opposer. N'ayant pu arrêter notre convoi, ce parti rentra dans la montagne, sans prendre poste à Saint-Dié que nous évacuâmes aussi. Les rapports du même jour firent connaître le passage à Rambervillers d'une centaine de Cosaques, venant d'Epinal, et prenant la direction de Saint-Dié. Un corps assez considérable qui avait attaqué nos troupes le 6 à 4 heures du soir, au village d'Arches en avant d'Epinal, y était entré le 7. Le maréchal duc de Bellune avait son quartier-général à Baccarat, communiquant avec M. le duc de Raguse qui se reployait sur Sarguemines. Les deux corps étaient liés par M. le général Philipe Ségur, placé à Phalsbourg avec quatorze cents gardes d'honneur.

Une de nos reconnaissances rapporta la proclamation suivante répandue à l'arrivée de l'ennemi à Saint-Dié.

« Français,

« La victoire a conduit les armées alliées sur
« votre frontière, elles vont la franchir; nous
« ne faisons pas la guerre à la France; mais nous
« repoussons loin de nous le joug que votre
« gouvernement voulait imposer à nos pays qui
« ont les mêmes droits au bonheur et à l'indé-
« pendance que le vôtre.

« Magistrats, propriétaires, cultivateurs, restez
« dans vos foyers. Le maintien de l'ordre public,

« le respect pour les propriétés particulières, la
« discipline la plus sévère marqueront le passage
« et le séjour des armées alliées.

« Elles ne sont animées de nul esprit de ven-
« geance; elles ne veulent point rendre à la
« France les maux sans nombre, dont la France,
« depuis vingt ans, a accablé ses voisins et les
« contrées les plus éloignées.

« D'autres principes et d'autres vues que celles
« qui ont conduit vos armées chez nous, prési-
« dent aux conseils des monarques alliés. Leur
« gloire sera d'avoir amené la fin la plus prompte
« aux malheurs de l'Europe. La seule conquête
« qu'ils ambitionnent est celle de la paix, mais
« d'une paix qui assure à leur pays, à la France,
« à l'Europe, un véritable état de repos; nous
« espérions la trouver avant de toucher le sol
« français, nous allons l'y chercher. »

« Au quartier-général de Larach, le 21 décembre 1813. »

Le maréchal prince de SCHWARTZENBERG,
Commandant en chef des armées alliées.

L'expérience a prouvé quel cas on devait faire de ces séduisantes promesses !

Le 8, l'arrière-garde resta en position. L'ennemi occupait Épinal avec quinze cents Cosaques, et Saint-Dié avec mille. Quelques cavaliers russes parurent dans la direction de Senones.

Le 9, le maréchal duc de Bellune, pour éloigner les troupes légères de l'ennemi, qui s'étaient portées dans le bassin des Vosges, entre Saint-Dié et Épinal, se décida à faire occuper Rambervillers par les dragons qu'il avait avec lui à Baccarat. En conséquence, la division Briche se mit en marche pour s'y rendre, et apprit à quelque distance qu'un parti de deux cents Cosaques s'y trouvait pour faire des vivres, et qu'il s'y gardait mal. Le général Montélégier continua sa marche au trot avec la tête de colonne de sa brigade, pendant que le colonel Hoffmayer du 2ᵉ de dragons tournait la ville et se portait sur la route d'Epienne. Le général Montélégier, suivi du 6ᵉ régiment de dragons commandé par le colonel Musnier, entra, bride abattue, dans Rambervillers, surprit et culbuta ce parti de Cosaques, et le poussa au delà du bourg où la division Briche prit position.

Combat de Rembervillers

Le même jour une brigade de jeune garde, détachée de la division Meunier, et envoyée à Epinal par le prince de la Moscowa avec un détachement de trois cents chevaux, en chassa les Cosaques après leur avoir tué un officier supérieur.

Le lendemain 10, le général Duhesme conduisant l'arrière-garde du 2ᵉ corps, fit une forte reconnaissance sur Saint-Dié. La cavalerie légère formait la tête de la colonne. L'ennemi évacua Saint-Dié à son approche. A peine le

Combat de Saint-Dié.

général Duhesme y était-il établi que le corps bavarois commandé par le général de Wrede, marcha sur cette ville ; des partis seuls l'avaient jusqu'alors occupée. Lorsque les avant-postes ennemis eurent été placés de l'autre côté de Saint-Dié, ils furent vigoureusement attaqués par la cavalerie légère, qui les repoussa jusqu'au village de Sainte-Marguerite dont elle s'empara. Le général Piré s'étant trouvé dans le village au milieu d'un bataillon bavarois, reçut sa décharge presqu'à bout portant, et ne conserva la vie que par miracle. L'infanterie du général Duhesme ayant débouché de Sainte-Marguerite, eut à combattre une brigade commandée par le général Deroy, et deux fois plus nombreuse que sa division. On se battit avec acharnement, le général Deroy reçut une blessure mortelle, mais les Bavarois triomphèrent et poussèrent les Français jusqu'au pont de la Meurthe, derrière lequel on se reforma entre Sainte-Marguerite et Saint-Dié. L'infanterie ennemie s'étant approchée, le combat se renouvella. Les troupes du général Duhesme se trouvaient sous le canon des Bavarois qui faisait de grands ravages dans leurs rangs, et les nombreuses coupures du terrain rendaient nulle l'action de la cavalerie. L'infanterie même ne pouvait faire de mouvement qu'avec difficulté. Le général Duhesme se vit donc forcé de continuer sa retraite. Nous revînmes à Saint-Dié, cette ville fut enlevée de vive force par l'ennemi, et nos troupes se replièrent sur Rambervillers par Saint-Michel, où elles s'établirent.

La perte de l'arrière-garde française fut d'à-peu-près cent cinquante hommes d'infanterie et vingt-cinq chevaux. L'inexpérience des canonniers conscrits qui servaient la batterie attachée à la division Duhesme, contribua grandement à cet échec. Le général Duhesme, donna des éloges à la cavalerie légère qui protégea la retraite de l'arrière-garde et sauva son artillerie, malgré les difficultés du terrain.

Après cette affaire, les alliés occupant en force Saint-Dié, le dessein du maréchal Victor était de les faire attaquer de nouveau; mais il y renonça, quand il reçut avis qu'une autre colonne arrivait par Sainte-Marie, une troisième par Remiremont. Épinal était menacé, l'ennemi débouchait avec cinquante ou soixante mille hommes.

Le 11, la cavalerie légère se sépara du général Duhesme, rétrograda vivement sur Rambervillers, qu'elle ne fit que traverser, et reçut l'ordre de continuer sa marche forcée pour aller occuper Baccarat, où elle arriva le même soir accablée de fatigue. Le motif de l'occupation de ce poste était de couvrir la route de Lunéville à Raon-l'Etape, où se trouvait depuis la veille un détachement de Cosaques venus par la vallée de Senones.

Le lendemain, la division séjourna à Baccarat. Le maréchal duc de Bellune apprit que le duc de Raguse était acculé par l'ennemi, sur la Moselle; le prince de la Moscowa l'instruisit de son côté, qu'une forte colonne des alliés débouchait de Château-Salins sur Nancy; et enfin ces derniers, après s'être emparé d'Épinal, avaient filé par Châtel et Charmes jusqu'à Flavigny et Pont-Saint-Vincent. Le duc de Bellune, menacé d'être enveloppé et de se voir réduit, avec un très-faible corps d'armée, à se faire jour l'épée à la main, abandonna la défense du passage des Vosges, où il devenait inutile d'arrêter l'ennemi qui avait déjà débordé ce point. Ce maréchal se détermina à se replier sur Nancy, où le prince de la Moscowa réunissait quelques bataillons de nouvelle levée. La cavalerie légère évacua Baccarat le 13, à une heure du matin, arriva devant Lunéville sans être suivie, et n'ayant fait que traverser cette place, elle s'établit à Nancy, où elle avait été précédée par le 2e corps.

Le 14, l'ennemi débouchant par toutes les directions, la retraite s'effectua sur Toul. La saison était rigoureuse, on avait perdu beaucoup de chevaux, faute d'argent pour entretenir le ferrage. Le général Piré resta dans Nancy jusqu'à dix heures du matin; il eut ordre du général en chef Grouchy de recevoir du corps municipal une avance de quinze mille francs pour le ferrage des chevaux de l'artillerie et de la cavalerie. Ce secours arrêta la diminution de notre effectif. Depuis Baccarat, le verglas nous avait démonté plus de monde que n'aurait pu le faire le boulet.

Le soir de ce jour, le duc de Bellune établit son quartier-général à Toul, la division resta avec les gardes-d'honneur à Gondreville, poste qu'elle occupa toute la journée du 15, les Cosaques ayant une grand'garde dans le bois. Le lendemain l'armée abandonnant la ligne de la Moselle pour prendre celle de la Meuse, nous traversons Toul, où on laisse une très-faible garnison, et nous nous plaçons à Foug. La cavalerie légère conserva cette position jusqu'au 20 janvier, rencontrant souvent des patrouilles ennemies sur son front et ses flancs; mais sans être attaquée.

Après son départ de Nancy, le duc de Bellune avait manoeuvré sur Toul; il s'y était arrêté quelques jours croyant pouvoir concourir dans cette position à la défense de la Moselle; mais tous les autres passages de cette rivière ayant été abandonnés à l'ennemi, les alliés en profitèrent pour se diriger sur la Meuse, et laisser le maréchal derrière eux. Après avoir jeté une garnison dans la place de Toul, il dut les prévenir en se hâtant de se rendre à Void, à

Vaucouleurs, Pagney-sur-Meuse et Commercy, l'arrière-garde du général Duhesme conservant sa position sur Foug. Le 20, le maréchal Victor écrivit au major-général que Platow se dirigeait vers Langres ; que l'avant-garde bavaro-autrichienne le remplaçait à Neufchateau. Quinze cents chevaux ennemis avaient passé la Meuse au-dessus de Vaucouleurs, et tout semblait annoncer que les armées combinées manœuvraient par leur gauche pour arriver sur la Marne dans la direction de Joinville. Le maréchal se décida à se retirer sur Ligny. Dans la nuit du 20 au 21, la division évacua Foug, passa le pont de Pagney qu'on fit sauter, et traversant Void que le quartier-général du 2ᵉ corps avait déjà quitté, elle prit poste en avant de Ligny.

Le 22, la cavalerie légère étant en bataille sur la route de Saint-Aubin, et couronnant les hauteurs de Ligny, plus de deux mille Cosaques paraissent vers dix heures du matin et font replier les grand's gardes. Le duc de Bellune ainsi que le comte Milhaud, étant accourus avec leurs troupes pour soutenir la cavalerie légère, et quelques coups de canon ayant suffi pour arrêter l'ennemi, on s'aperçoit que ce n'est qu'une forte reconnaissance. Les alliés sont attaqués avec impétuosité, et on les repousse jusques vers Saint-Aubin, après en avoir mis bon nombre hors de combat. A la nuit le

5ᵉ corps se replie sur Ligny, et la division reprend sa position couvrant cette place.

Ligny est situé dans un bassin très-étroit, entre des montagnes couvertes de vignes. Cette ville ne pouvait être défendue que par de l'infanterie, et quelques pièces de canon, le plateau qui est dans la direction de Saint-Aubin, n'ayant que le développement nécessaire pour permettre à la cavalerie d'arrêter l'ennemi comme elle venait de le faire. On ne pouvait pas non plus considérer ce plateau comme position de défense ou de combat, attendu qu'il a du côté de la ville un défilé extrêmement rapide et qu'il ne présente qu'une seule communication. D'après ces motifs, le maréchal Victor préféra la position opposée, c'est-à-dire, l'entrée du défilé de Saint-Dizier, et fit garder les hauteurs par l'infanterie.

Le 23, les alliés ayant reparu en grande force à trois heures de l'après-midi, toujours par la route de Void, et le maréchal de Bellune apprenant que depuis la veille ils avaient à Joinville un corps considérable, résolut de se retirer ; néanmoins il conserva l'entrée du défilé à la sortie de Ligny. Il s'y battit chaudement jusque très-avant dans la nuit, contre une division bavaroise qui perdit un grand nombre des siens, en voulant presser notre retraite.

Le 24, la division réunie de nouveau à l'infanterie du général Duhesme, occupa Saint-Dizier comme poste d'arrière-garde. Les reconnaissances de l'ennemi se montrèrent sur les routes de Ligny et de Joinville.

Le 25, l'arrière-garde du général Duhesme fut attaquée par le corps des alliés venant de Ligny. Une colonne nombreuse d'infanterie, précédée de canons, forma cette attaque; on se battit dans les rues, il y eut des pertes de part et d'autre. Le général Duhesme se mit ensuite en bataille très-près de la ville en avant du village de Hallignicourt. Il était soutenu par le 5e corps de cavalerie en entier. L'ennemi s'établit à Saint-Dizier et autour de cette ville. Les dragons couvrirent la route de Vitry en se plaçant à Perthe avec l'infanterie du 2e corps. La division occupa Villiers, se liant par sa droite avec Perthe, observant Saint-Dizier sur son front, et s'éclairant par sa gauche sur la route de Bar-le-Duc. Une grand'garde de cinquante Cosaques prit poste en avant de la route de Saint-Dizier.

Le 26, la cavalerie légère rectifia sa position, toujours en présence de l'ennemi : le quartier-général se plaça à Saint-Eulien. Les trois faibles corps des ducs de Bellune et de Raguse et du prince de la Moscowa, se trouvaient enfin réunis; Napoléon, quittant sa capitale, allait donner aux opérations de l'armée un ensemble bien nécessaire, qu'on n'avait pu obtenir jusqu'à ce jour.

Le 27, au lever du soleil, l'empereur étant arrivé à Perthe, ordonna l'attaque de Saint-Dizier. La division prit sa position d'avant-garde, et l'armée entra dans la ville au pas de charge. L'ennemi fut enfoncé, et se retira en désordre par les routes de Joinville et de Ligny. Le brave colonel Miller, à la tête du 26ᵉ de chasseurs à cheval, se jeta sur un bataillon russe qui se repliait par la route de Joinville, le sabra, le mit en fuite, et lui fit des prisonniers; mais frappé d'une balle, il trouva une mort glorieuse digne de la carrière qu'il avait parcourue. Ce colonel, non moins recommandable par sa probité que par ses talens militaires, fut vivement regretté de son régiment et de toute la division. Le chef d'escadron Müller, du même corps, prit provisoirement le commandement du 26ᵉ.

Combat de Saint-Dizier.

L'empereur avait été reçu avec enthousiasme dans Saint-Dizier. Les habitans, maltraités par les Cosaques, l'appelaient leur libérateur. Napoléon descendit de cheval et défendit à ses gardes d'éloigner cette population qui se pressait autour de lui. Hors de la ville, étant remonté à cheval, il partit au galop, et passant près du général Piré, lui donna l'ordre de marcher sur Vassy et de lui envoyer des nouvelles. A une lieue de Saint-Dizier, nous apprîmes qu'une colonne russe, d'au moins quinze mille hommes, y avait passé la veille, se dirigeant vers Montierender par la traverse d'Eclaron; cette colonne emmenait avec elle un train considérable de grosse artillerie. La division continua sa marche, et n'ayant point rencontré l'ennemi, elle s'arrêta le soir pour couvrir la route de Joinville. Une heure après, le général en chef, comte Grouchy, survint et envoya la cavalerie légère passer la nuit à Voilecompte.

Le 28, nous traversâmes Montierender, où l'empereur, avec sa garde, était également arrivé par la route d'Eclaron. Nous formâmes l'avant-garde de l'armée à Longeville, sur le chemin de Brienne, l'ennemi ayant, à peu de distance de ce poste, un fort parti de Cosaques pour protéger sa retraite.

Bataille de Brienne. Le 29, au point du jour, toute l'armée, commandée par l'empereur en personne, se porta sur Brienne. Le 2e corps fit l'avant-garde; le 5e corps de cavalerie, précédé comme à l'ordinaire par la division, marchait à la tête de la colonne. On ne tarda pas à rencontrer un Pulk d'environ trois cents Cosaques, qui voulut tenir à l'entrée d'un défilé; mais chargé rudement par le 5e de hussards, il fut jeté dans le défilé avec perte et en désordre. Après avoir traversé le village de Juzauvigny, et à la sortie du bois qui le couvre du côté de Brienne, on aperçut dans la plaine, devant cette place, à peu près deux mille hommes de cavalerie légère, dont la contenance annonçait qu'ils s'appuyaient sur un corps d'armée. Effectivement toute la cavalerie du 5e corps ayant débouché et serré celle de l'ennemi, cette dernière reprit sa ligne de bataille, à la gauche de Brienne, et son infanterie, au même instant, se forma en plusieurs carrés, en avant des maisons de la ville, soutenue par quelques batteries. Ces dispositions arrêtèrent nécessairement la poursuite de la cavalerie ennemie qui abandonna presque tout le terrain qu'elle occupait à la gauche de Brienne, et se porta rapidement sur sa droite, dans la plaine de la Rothière, où elle présenta en ligne quarante ou cinquante escadrons. L'attaque de Brienne commença alors par l'infanterie du duc de Bellune. Cette attaque ne réussit point; les troupes furent même repoussées avec perte jusqu'à la nuit tombante; mais le corps du maréchal prince de la Moscowa étant arrivé et ayant abordé l'ennemi, l'infanterie du maréchal de Bellune fit un nouvel effort, et occupa la plus grande partie de la ville, à laquelle les alliés avaient mis le feu. La prise du château de Brienne contribua beaucoup à ce succès; il fut enlevé de la manière la plus brillante par le général de brigade

Chataux qui commandait une division d'infanterie du maréchal Victor.

Au moment où les Français s'emparaient du château, l'ennemi fit faire une manœuvre de flanc à ses troupes à cheval, pour charger l'infanterie de la jeune garde et la cavalerie légère, qui couvraient la route de Montierender à Brienne. L'empereur se trouvait alors sur cette route, pour observer et diriger lui-même l'attaque qu'il avait ordonnée sur la ville. Le général Piré, prévoyant le mouvement de l'ennemi par les dispositions préparatoires qu'il lui avait vu faire sur sa droite, en avait envoyé prévenir Napoléon par son chef d'état-major. Ce colonel informa également l'empereur, qu'il croyait que l'intention de l'ennemi était de déborder notre gauche, et de s'emparer de la tête du défilé du bois, pour couper notre communication avec Montierender. L'empereur lui ordonna de conduire au galop quatre pièces d'artillerie légère à la tête du défilé, pour défendre ce point important; mais il était trop tard, le mouvement prévu par le général Piré venait de s'exécuter, et même quelques Cosaques traversant nos rangs parvinrent sur la route, au milieu du groupe d'officiers d'état-major qui entouraient Napoléon. Ces officiers, ainsi que l'empereur coururent les plus grands dangers. Le prince de Wagram se défendit l'épée à la main, son chapeau fut traversé d'un coup de lance; le chef d'escadron Gourgaud, officier d'ordonnance, tua deux Cosaques à côté de Napoléon (1). Tous les cavaliers ennemis qui avaient pénétré jusqu'à la route, périrent les armes à la main. Cette échaufourée n'eut pas d'autres suites.

Les alliés, profitant de la nuit, se retirèrent par la route de Bar-sur-Aube. Il était minuit, une grande partie de l'armée française bivouaqua autour de Brienne. La cavalerie légère s'établit au village de Perthe, sur la hauteur à droite de la ville; le général en chef comte Grouchy y plaça aussi son quartier-général.

La victoire de Brienne fut chèrement achetée par la perte d'un grand nombre de braves, qui diminua encore les forces de cette vaillante armée habituée à combattre contre des troupes dix fois supérieures en nombre. Quarante mille hommes, commandés par Blücher (2), nous

---

(1) Pour témoigner sa reconnaissance au chef d'escadron Gourgaud, qui venait de lui sauver la vie, Napoléon lui fit présent de l'épée qu'il avait portée constamment dans les campagnes mémorables d'Italie, sous le gouvernement directorial.

(2) Lorsque le général Chataux s'empara du château de Brienne, le maréchal Blücher était à table avec ses principaux officiers, et là comme à Fleurus, en 1815, il ne dut son salut qu'à l'obscurité de la nuit.

avaient été opposés, et pendant l'action, le corps entier de Witgenstein s'était réuni au feld-maréchal. Six mille alliés restèrent sur le champ de bataille, mais quatre mille Français environ furent mis hors de combat. Le contre-amiral Baste, commandant une brigade d'infanterie, et le colonel Duverger, premier aide-de-camp du duc de Bellune, se trouvèrent au nombre des morts. Les généraux Decouz et Forestier moururent quelques jours après, des suites de leurs blessures. Le général Lefèbvre-Desnouettes fut blessé, ainsi que le colonel Delahaie.

Le 30, toute la cavalerie de l'armée, sous les ordres du comte Grouchy, se réunit en avant de Brienne, sur le chemin de Bar-sur-Aube, direction que l'ennemi avait prise dans sa retraite. La cavalerie russe, qui était en ligne vis-à-vis de nous, ne nous attendit point; et après avoir échangé quelques coups de canon, nous allâmes prendre position à la Rothière, notre droite appuyée à l'Aube, et notre gauche s'étendant dans la plaine, vers le bois d'Eclance. Le lendemain, nous ne fîmes point de mouvement; l'ennemi avait couvert son front par des Cosaques, et présentait sur les hauteurs de Beaulieu et de Trannes des masses considérables d'infanterie et d'artillerie.

Bataille de la Rothière. Le 1er février, dans la matinée, la même immobilité régna sur toute la ligne. Napoléon espérait encore pouvoir s'opposer à l'entière jonction des alliés. Il avait cru n'avoir affaire à Brienne qu'à une partie de l'armée de Silésie, il l'avait rencontrée tout entière et de plus augmentée du corps de Witgenstein. Vainqueur de ces forces réunies, l'empereur perdant l'espoir de manœuvrer contre un des deux corps isolés, suivit cependant celui de Blücher dans sa retraite; mais Schwartzenberg le fit appuyer par un renfort considérable. Plusieurs aides-de-camp de Napoléon vinrent aux grand's-gardes de la cavalerie légère, et contestèrent les rapports qui leur furent donnés des mouvemens continuels et de l'augmentation de troupes qu'on apercevait sur les hauteurs occupées par l'ennemi. Enfin, vers une heure, l'armée alliée descendit dans la plaine, longeant l'Aube par sa gauche, et prolongeant sa droite dans la forêt de Soulaine jusqu'au delà du village de Lachaise. Lorsque son avant-garde commençait à se déployer, le capitaine Clomadeuc, aide-de-camp du général Piré, voulant exécuter l'ordre qu'il avait reçu d'examiner de très-près le mouvement des alliés, chargea avec quelques tirailleurs et fut enveloppé par les Cosaques. Cet officier se défendit avec une grande bravoure; mais ayant reçu plusieurs coups de lance, il resta au pouvoir de l'ennemi.

L'armée française porta sa droite à Dienville, où

le général comte Gérard combattit vaillamment. La cavalerie légère se forma en bataille, entre Dienville et le village de la Rothière, gardé par la division d'infanterie du général Duhesme. Les dragons du 5e corps prolongeaient la ligne de l'autre côté de la Rothière, et devaient se lier avec le reste de l'infanterie de M. le maréchal duc de Bellune, qui couronnait les hauteurs de Lachaise; mais ces dragons que l'on couvrit d'une artillerie considérable, n'étaient point assez nombreux pour remplir le vaste espace qu'ils devaient occuper dans la plaine, ni pour soutenir convenablement, si elle était attaquée, la masse d'artillerie qu'on leur avait confiée. Cette mauvaise disposition, qui a tenu sans doute à la faiblesse numérique de l'armée française, luttant contre des forces trois fois plus nombreuses, a été certainement une des causes principales de la perte de la bataille; car, vers quatre heures, l'ennemi voyant que tous ses efforts réitérés pour forcer notre extrême droite étaient inutiles, et que ses troupes ne parviendraient point à renverser les nôtres de ce côté, se décida à un grand mouvement de cavalerie sur nos dragons. En conséquence, par des manœuvres assez rapides, six mille chevaux russes et prussiens, formés sur deux lignes, se lancent sur notre artillerie, et débordant la Rothière par sa gauche, obligent les dragons à se replier en désordre. Heureusement le général Piré, s'apercevant de l'importance de cette attaque et des funestes résultats qu'elle pouvait avoir pour l'armée, n'hésite point à quitter sa position où sa présence n'était pas alors indispensable; sans attendre d'ordres supérieurs, il met sa division en colonne par escadrons, et tombe par une conversion à gauche, sur le flanc de l'ennemi. Cette manœuvre eut tout le succès qu'on en attendait ; les Russes s'arrêtèrent, et pendant qu'ils obliquaient à droite pour se rallier, nos dragons eurent le temps de se reformer, et leur perte, qui pouvait être considérable, fut de peu d'importance. L'exactitude historique exigeait ce détail, plusieurs relations imprimées ayant attribué cette manœuvre à d'autres corps.

Cependant l'artillerie, dépassée de bien loin par la charge des alliés, fut en partie prise, et dès ce moment on put prévoir le résultat de la journée. La cavalerie légère, réunie aux dragons, reçut jusqu'à la nuit diverses attaques de la cavalerie nombreuse des alliés, soutenue par un feu roulant d'artillerie. Toutes ces attaques furent repoussées avec bravoure, et, malgré notre infériorité, l'ordre le plus parfait ne cessa de régner dans nos rangs. Enfin, vers minuit, l'empereur ordonna la retraite et la concentration de son armée sur la route de Lesmont. Le

5ᵉ corps de cavalerie masqua ce mouvement en bivouaquant sous Brienne-la-Ville.

La perte des Français, dans cette malheureuse affaire, fut considérable ; mais ne les découragea point. La retraite s'exécuta sans la moindre confusion, le général Blücher, qui comptait deux mille morts de plus que nous, ne mit point à profit son succès ; il ne nous poursuivit pas, et il s'établit sur le champ de bataille. Après la victoire de Brienne et la défaite de la Rothière, la division Piré fut réduite à six cent cinquante combattans.

Le 2, au point du jour, le comte Grouchy ayant réuni la cavalerie en avant de Brienne-le-Château, se retira sur le pont de Lesmont, sans être inquiété par l'ennemi, qui se contenta de le faire suivre par un corps d'observation. La cavalerie légère força sa marche pour se rendre à Rouilly-le-Sacey, sur la route de Troyes ; elle perdit une partie de ses chevaux de main au bourg de Piney, où ils furent enlevés par une reconnaissance de Cosaques venus par la traverse de Dienville, et qui y étaient entrés avant le passage de la division. Le lendemain, la cavalerie légère se plaça dans le faubourg de Troyes, ayant de forts détachemens sur le chemin de Lesmont par Creney, et sur celui de Piney. L'armée se concentra sous Troyes, et resta le jour suivant dans la même position.

Le 5, le mouvement de retraite continua vers Nogent, et la cavalerie légère eut ordre de se rendre à Fontaine-Saint-Georges, pour y escorter le grand parc; mais en y arrivant, nous apprîmes qu'il était déjà parti pour Nogent, et nous nous rendîmes à Châtres le lendemain, afin d'y attendre le passage de l'empereur et de l'escorter jusqu'à la hauteur de Pont-sur-Seine. Ce mouvement exécuté, on nous ordonna de rétrograder et de passer la nuit au village des Granges.

Le 7, le corps du maréchal Oudinot, duc de Reggio, qui avait couché la veille à Romilly, revint sur Nogent, et la division forma l'arrière-garde soutenue par le corps du comte Gérard. Nous nous plaçâmes à Saint-Hilaire, et l'ennemi se montra sur les hauteurs qu'il occupa avec une cavalerie nombreuse, que l'on reconnut être les Cosaques de la garde impériale russe. Le lendemain, la cavalerie légère rentra à Romilly, soutenue par la division d'infanterie du général Hamelinaie. Quelques coups de canon et nos tirailleurs firent replier les Cosaques sur Maizières, où ils prirent position. Tous les rapports qui nous parvinrent, portaient que l'ennemi s'apprêtait à marcher en force sur l'armée française.

Le 9, vers midi, l'ennemi parut, et, par suite de dispositions générales, nous rétrogradâmes jusqu'au poste de Saint-Hilaire. Les Russes occupèrent Romilly, et couronnèrent de nouveau les hauteurs de la Montoie.

L'empereur ayant ordonné aux maréchaux duc de Reggio et de Bellune de défendre la Seine, marcha le même jour sur la Marne pour écraser Blücher qui s'était séparé de l'armée de Schwartzenberg. Napoléon battit successivement les corps d'Alsusiew, de Saken et d'York, lieutenans de Blücher, et le culbuta lui-même au combat de Vauchamps, le 14 février.

Le 10, le maréchal Victor se décida à concentrer ses troupes sur Nogent. La division passa le ruisseau de l'Ardusson, et prenant position à la Chapelle-Verrières, en avant de cette ville, elle appuya sa gauche à la Seine, et sa droite à la chaussée où commençait le déploiement de l'infanterie du comte Gérard. Vers midi, l'ennemi se montra en grande force, et un combat très-vif s'engagea au château de la Chapelle, qui fut pris et repris plusieurs fois; cette position nous resta enfin, après que l'ennemi eut incendié le château.

Le 11, à l'aube du jour, la division traversa Nogent, que la brigade d'infanterie commandée par le général Bourmont fut chargée de défendre. La cavalerie légère prit position au village de Plessis-Mériot, en poussant des reconnaissances sur Villenoxe. Le général Bourmont fit barricader la rue qui conduit au pont de Nogent, quelques maisons furent crénelées, et trois attaques consécutives de l'ennemi échouèrent complétement. Dans la nuit, le général Bourmont ayant été blessé, le colonel Voirol (1), du 18ᵉ de ligne, prit le commandement, et continua la défense de la ville avec une rare valeur. Le lendemain, malgré les incendies causés par l'ennemi, le colonel Voirol opposait toujours la résistance la plus opiniâtre, lorsqu'il reçut l'ordre du maréchal Victor d'évacuer Nogent. Le passage de la Seine à Bray, par les Bavarois, avait forcé le maréchal à prendre cette mesure. Le colonel Voirol se retira en bon ordre et fit sauter le pont, au moment où quelques officiers russes, suivis d'une quarantaine de soldats, s'y étaient imprudemment engagés. Tout ce détachement périt. Dans cette journée du 12, la division rectifia sa position, le quartier-général s'établit à Saint-Nicolas. Le duc de Bellune se préparait à faire sa jonction à Provins avec le duc de Reggio, pour se soutenir mutuellement devant les alliés.

Le 13, l'ennemi ayant passé la Seine sur plusieurs points, et notamment à Bray, le 5ᵉ corps de cavalerie se replia du côté de Nangis. La di-

---

(1) Il commande aujourd'hui la légion des Basses-Pyrénées.

vision se porta de Saint-Nicolas à Sordun, et là, laissant Provins à sa droite, elle tourna cette dernière ville, en passant par Chalautre, Poigny et Saint-Loup; reprenant ensuite la route de Provins à Nangis, au lieu dit la Maison-Rouge, la division y laissa une grand'garde de cinquante chevaux, et se rendit à Nangis.

Le 14, l'armée ne fit aucun mouvement; mais de fortes reconnaissances de cavalerie parurent sur la route de Donnemarie, ces partis étaient Bavarois. Dans la nuit du 14 au 15, on évacua Nangis, et la division formant l'arrière-garde des maréchaux se retira lentement dans la direction de Mormant; elle traversa le bourg, se jeta dans la plaine, et prit position à Aubepierre, faisant garder le chemin en arrière de Mormant, qui fut aussitôt occupé par un régiment de chasseurs à cheval russe. Les patrouilles envoyées sur notre gauche à Rosoy, rapportèrent que l'ennemi s'y trouvait.

Le 16, un corps considérable de l'avant-garde austro-russe étant entré dans Mormant, après avoir poussé un fort détachement sur Aubepierre, la division reçut l'ordre de se porter en arrière à la position de Beauvoire, où elle entra en ligne avec le reste de l'armée. Cependant ce mouvement n'eut lieu qu'après un engagement assez vif, avec environ mille à douze cents chevaux de l'ennemi, qui voulut presser notre retraite; mais attirés dans un ravin, les cavaliers russes durent rallentir leur marche; la division fit volte-face sur la hauteur opposée et les carabines des hommes de notre premier rang plongeant à portée de pistolet dans la masse de l'ennemi, lui causèrent une perte considérable (1). C'est à ce combat, qu'on remarqua pour la première fois les brassards blancs que les alliés, en signe de ralliement, avaient adoptés.

L'empereur qui venait de battre l'armée de Blücher aux combats de Champ-Aubert, de Montmirail, de Château-Thiéry et de Vauchamps, fit trente lieues en deux jours avec sa garde, et arriva à Chaulnes et à Guignes dans la soirée du 16, voulant attaquer le lendemain

---

(1) Depuis la paix, on a vu avec peine des officiers-généraux qui se sont illustrés à la guerre, oublier les leçons de l'expérience et proposer les innovations les plus funestes. De ce nombre est sans contredit le projet d'ôter l'arme à feu aux régimens de cavalerie. L'arme à feu est indispensable pour former une ligne de tirailleurs, afin d'arrêter l'ennemi, de connaître sa force, ses intentions, et de donner aux corps de bataille le temps de déboucher. Elle peut être encore d'une plus grand utilité. Je me souviens qu'au combat de Hof, en 1807, la brave infanterie du maréchal Soult, marchant au pas accéléré dans la neige, n'avait pu

l'armée de Schwartzenberg. Le 17, au lever du soleil, l'infanterie du duc de Bellune s'étant formée en colonne sur la grande route, flanquée à sa gauche par le 5e corps de cavalerie, et à sa droite, par la division de dragons du général Treillard, on marcha droit sur Mormant. L'avant-garde ennemie qui s'y trouvait isolée, surprise d'une attaque aussi brusque, qu'elle n'avait pas prévue, fut forcée, et se retira en toute hâte et en désordre vers Nangis. La cavalerie légère, passant sous la batterie de reraite de l'ennemi, déborde vivement ses carrés, et chargeant dans la vaste plaine de Guignes à Nangis une ligne de quinze cents chevaux cosaques, lanciers et chasseurs russes, elle les culbute, laissant les dragons s'occuper de l'infanterie, et poursuit la cavalerie russe l'épée

---

suivre la cavalerie aux ordres du grand duc de Berg (Murat); l'ennemi ne voyant pas de bayonnettes dans la plaine, réunit tous ses escadrons, et les lança sur les Français. Le prince fit avancer au trot les dragons à leur rencontre. A demi-portée de fusil, il arrêta sa colonne. Le premier rang fit haut-le-mousqueton, et une fusillade inopinée et bien nourrie, jeta le désordre dans les régimens russes. Le prince Murat profitant de leur fluctuation, fit avancer par ses flancs les cuirassiers d'Hautpoul, qui enfoncèrent l'ennemi et le taillèrent en pièces. On sait que le maréchal Soult compléta le succès de la journée.

dans les reins, la serrant dans tous les fossés ou obstacles que le terrain présentait, et lui faisant éprouver une perte considérable en tués, blessés et prisonniers. Il en coûta à l'ennemi au moins deux cents hommes, beaucoup de chevaux de main et huit pièces d'artillerie, gagnées de vitesse et prises au défilé du bois, à gauche de Nangis et près de la Maison-Rouge. Nous fûmes obligés de nous arrêter sur ce point pour reformer les régimens et réunir les prisonniers. Cette affaire fit le plus grand honneur au 5e corps de cavalerie, et particulièrement à la division qui enfonça la cavalerie ennemie, et s'empara de plus de la moitié des pièces, trophées de la victoire. L'ardeur des troupes françaises était extrême; l'armée austro-russe perdit, dans cette journée, plus de six mille hommes, aux deux combats de Mormant et de Valjouan, qui nous rappelèrent encore les beaux jours de notre gloire passée.

Le chef d'escadron Roux commandant le 3e de hussards, le major Muteau commandant le 27e de chasseurs, les capitaines adjoints à l'état-major, Roucy et Thiéry, le lieutenant aide-de-camp, Guichen, se distinguèrent sous les yeux du général de division. Le général Subervic fit un grand éloge du chef d'escadron Arnaudet et du colonel Robert commandant le 14e et le 26e de chasseurs, ainsi que de beaucoup d'autres officiers, sous-officiers et soldats, pour lesquels on sollicita des récompenses (1).

L'empereur étant arrivé à Nangis, le 5ᵉ corps de cavalerie eut ordre de se porter rapidement sur Montereau. Malgré sa lassitude et l'heure avancée, la division hâta sa marche et arriva à Salins, où elle trouva le duc de Bellune, auquel l'excessive fatigue de ses troupes n'avait pas permis d'aller plus loin (2).

---

(1) Ne traçant que le journal historique d'une division, je n'ai pu rendre compte des beaux faits d'armes qui signalèrent les autres corps de l'armée. Voyez les rapports, sur cette affaire, de MM. le duc de Bellune, le comte de Valmy, le comte Bordesoulle et le comte Milhaud. (*Pièces officielles*, numéros 2, 3, 4 et 5.)

(2) Le maréchal Victor, après un combat qui avait duré jusqu'à trois heures et dans lequel son infanterie avait été harassée, voulut cependant exécuter l'ordre qu'il venait de recevoir de se rendre à Montereau. Etant en marche, il rencontra l'ennemi en force, à Villeneuve-le-Comte, le combattit et poussa son avant-garde jusqu'à Salins. Il était nuit close ; les généraux prévinrent le maréchal que les soldats étaient exténués, et que dans tout état de choses, on ne pourrait arriver qu'à minuit devant Montereau : il fallut s'arrêter. L'empereur chargea le prince de Wagram de réprimander le maréchal sur la non-exécution de son ordre ; le duc de Bellune irrité de cette injustice, écrivit au major-général en demandant à se retirer dans ses foyers. Le lendemain 18, sur le champ de bataille de Montereau et au commencement de l'affaire, le maréchal reçut la réponse du

Le 18, pendant la belle attaque de Montereau par le général comte Gérard, qui venait de prendre le commandement du 2ᵉ corps, la cavalerie légère reçut ordre de remonter la Seine vers Bray et de s'établir à Plessis, en face de cette ville. Mais à peine y était-elle, qu'on lui ordonna de rétrograder sur Montereau, où elle arriva le 19, à cinq heures du matin. Le pont n'étant pas réparé, la cavalerie ne passa la Seine qu'à dix

---

prince de Wagram, qui lui annonçait que le comte Gérard le remplaçait dans le commandement en chef de son corps d'armée. Le maréchal s'était déjà mis en route, lorsqu'il apprit que le général Chataux, son gendre et son ami, venait d'être grièvement blessé. Le duc de Bellune retournait sur ses pas pour se rendre près de lui, quand il rencontra l'Empereur. — « Eh! bien, monsieur le Maréchal, dit Napoléon, vous voulez donc me quitter ? — Non, Sire, j'ai suivi Votre Majesté dans toutes ses conquêtes, et ce n'est point au moment où elle défend la Seine, que je témoignerai le désir de l'abandonner. Votre Majesté m'a vivement reproché de n'avoir pas fait une chose impossible, j'ai dû croire que mes services ne lui étaient plus agréables. — Allons, reprit l'empereur en souriant, je vois que c'est une boutade, cela se passera. Rendez-vous à Fontainebleau, vous y trouverez un corps de jeune-garde qui s'y organise, et vous en prendrez le commandement. » Le maréchal Victor rencontra en effet deux divisions sous les ordres des généraux Charpentier et Boyer de Rebeval, et le 7 mars il fut blessé glorieusement à leur tête, à la bataille de Craone.

heures. Les blessures du général Pajol s'étaient rouvertes, sa division composée de détachemens de cavalerie de toutes armes, ayant été dissoute, le général Ducoëtlosquet vint prendre le commandement de notre seconde brigade, en ramenant un renfort d'environ deux cents chevaux aux divers régimens de la division. Nous continuâmes notre marche forcée en remontant la rive gauche de la Seine, nous dépassâmes Bray, et on s'arrêta à Jaulnes. Pendant cette journée, la cavalerie légère n'eut connaissance de l'ennemi que par les ravages et les incendies dont il avait désolé toutes ces contrées.

Les succès de l'empereur sur la Marne, la défense des maréchaux sur la Seine, avec d'aussi faibles moyens, et en dernier lieu, les victoires de Mormant et de Montereau avaient découragé les alliés. Ils ne comptaient plus venir à Paris, et l'armée austro-russe évitant un engagement général, craignant de voir la population en armes sur ses derrières, se retirait vers Troyes, et ne songeait plus qu'à regagner le Rhin.

Le 20, nous poursuivîmes l'ennemi du côté de Troyes, et traversant Nogent, nous prîmes position à Mornay. Pendant la marche, nous aperçûmes à notre droite une colonne de cavalerie ennemie, qui se retira devant nos éclaireurs.

Le 21, le 5e corps prit la direction de la vieille route de Troyes. La division éclaira la gauche jusqu'à la hauteur de Saint-Hilaire, sur la nouvelle route. Là, elle reçut ordre de se jeter dans la plaine et d'appuyer à droite vers Ocey-les-trois-Maisons. Pendant ce temps, la brigade Lamothe de la division l'Héritier, rencontra l'ennemi, qui présentait en ligne quinze cents chevaux couverts par une forte avant-garde. Le 18e régiment de dragons, peu nombreux, n'ayant pas réussi dans sa première charge, le général Lamothe se place à la tête du 19e, commandé par le colonel Mermet. Ce régiment enfonce les Russes, les met dans le plus grand désordre, et les poursuit pendant une lieue. La 2e brigade de dragons et la cavalerie légère étant arrivées, assurèrent le résultat de cette charge, qui fut de cent cinquante cavaliers ennemis tués ou blessés sur le champ de bataille, et d'une centaine de prisonniers. Nos dragons n'eurent que quinze hommes hors de combat. On s'établit le soir à Ocey-les-trois-Maisons.

Le 22, le 5e corps de cavalerie continua sa marche; la division, qui formait l'avant-garde, fut arrêtée à la hauteur de Pavillon, par un corps de cavalerie russe de toutes armes, montant à trois mille chevaux, commandé par le comte Orlow Denisow. La division n'étant pas en état d'attaquer un corps aussi nombreux, se plaça sur la hauteur en observation, et manœuvra assez habilement, en attendant l'arrivée des deux divisions de dragons, pour éviter de laisser connaître sa faiblesse à l'ennemi, et de s'engager dans un combat qu'elle n'aurait pu soutenir. Les Russes avaient formé leur ligne dans la plaine et n'y faisaient aucun mouvement; le général Piré, s'apercevant que leur chef s'avançait seul, alla aussi seul à sa rencontre, et il s'établit entr'eux un de ces colloques, que la loyauté militaire se permet quelquefois, même au milieu des hostilités. Il apprit que le découragement existait dans l'armée des alliés ; qu'ils avaient abandonné le projet de se porter sur la capitale, et que le moment était favorable pour traiter de la paix. Effectivement, la cavalerie légère, après l'arrivée du comte Milhaud, ayant passé la nuit à Pavillon, et s'étant montrée de bonne heure devant Troyes, n'y trouva déjà plus le corps russe de la veille, mais le régiment de hussards autrichiens de l'archiduc Joseph. La ville était fermée et gardée par de l'infanterie ; il fallut s'arrêter. Cependant, au moment où on allait engager les tirailleurs avec les hussards autrichiens, le général qui commandait ces derniers s'avança, déclara que la paix avait été signée à Châtillon, et qu'il lui était défendu par son souverain de se battre contre les Français. A peine cette nouvelle se fut-elle répandue, qu'on ne put empêcher les hussards des deux partis de s'embrasser et de trinquer ensemble. On parvint pourtant à rétablir l'ordre. Peu de temps après, le prince Venceslas de Lichtenstein vint en parlementaire, porteur d'une lettre autographe de l'empereur François pour son gendre l'empereur Napoléon. Le prince parla avec tant de chaleur de l'importance de sa mission pour la France, en offrant d'ailleurs de rester en ôtage à l'armée française tant qu'on voudrait l'y garder, que le général Piré prit sur lui de l'envoyer au quartier-impérial à Châtres, le faisant accompagner par son chef d'état-major. Cette mesure déplut d'abord beaucoup à Napoléon, qui en témoigna vivement son mécontentement au colonel Auguste Pétiet; mais bientôt cette humeur se calma, le prince Venceslas fut introduit; il remit sa dépêche, et s'il faut en croire ce qu'il a dit depuis à l'adjudant-commandant Pétiet, on posa les bases d'un traité de paix, d'après lequel la France conservait l'intégrité de son territoire, c'est-à-dire, toute la rive gauche du Rhin, à l'exception de Mayence. L'empereur insista, ajouta ce prince, sur la conservation de cette place, et ce fut avec cette réponse qu'il repartit pour le quartier-général des alliés. Il paraîtrait donc évident que les conditions étaient les mêmes que celles arrêtées antérieurement à Francfort, et Napoléon n'évitera pas le reproche de n'avoir point accédé à des propositions aussi honorables, dans la fâcheuse position où nous nous trouvions, sous le rapport de la faiblesse numérique de tous les corps de l'armée. Le prince de Lichtenstein revint quelques jours après; mais de nouveaux succès de l'empereur lui firent rejeter toute espèce de transaction. Cependant le comte Flahaut, aide-de-camp de Napoléon, le comte Ducca, aide-de-camp de François, le comte Schouvalow, aide-de-camp d'Alexandre, et le général Rauch, chef du corps du génie du roi de Prusse, se réunirent à Lusigny pour arrêter les conditions d'une suspention d'armes; mais après la seconde mission du prince Venceslas, au quartier impérial-français, les commissaires se séparèrent sans s'être entendus sur aucun article.

Dans la soirée, le 5ᵉ corps reçut l'ordre de prendre position à l'Epinne, et il y rencontra une division de cuirassiers autrichiens. La cavalerie légère engagea sur-le-champ le combat; les cuirassiers, arrêtés par un ravin, eurent beaucoup à souffrir de la vivacité de notre attaque. La nuit étant survenue, l'ennemi en profita pour se retirer, en prenant la direction de Bar-sur-Seine.

Le 24, le 5ᵉ corps de cavalerie sous les ordres du duc de Tarente et formant son avant-garde, prit la route de Bar-sur-Seine. Il rencontra à la hauteur de Saint-Parre douze cents Autrichiens faits prisonniers par le comte de Valmy, qui nous avait précédés. Nous marchâmes jusqu'à Fouchères sans pouvoir atteindre l'ennemi ; la division s'arrêta dans ce village jusqu'au lendemain.

Le 25, en entrant dans Bar-sur-Seine, nous rencontrâmes une arrière-garde de Cosaques que nos éclaireurs chassèrent. On la poussa du côté de Chatillon et d'Essoyes, en lui mettant bon nombre d'hommes hors de combat. On s'établit le soir à Loches (1).

Le 26, la cavalerie légère et une brigade de la division Brayer se rendit à Fontette, observant le chemin qui traverse la forêt de Clairvaux, pour se rendre à Laferté. L'ennemi couvrit le défilé par une grand'garde de deux cents hommes. La division Briche se plaça à Essoyes, la division l'Héritier sur la route de Chatillon à Mussy, le général Albert à Mussy-l'Évêque,

---

(1) C'est surtout dans cette petite ville que s'est manifestée la haine la plus forte contre l'étranger. Je vais en donner une preuve : A peine étions-nous livrés au repos, qu'une femme d'une mise asez soignée vient nous demander un azile. Cette femme encore jeune et dont la figure exprimait la douceur, nous dit : « Je ne « possédais pour tout bien qu'une maison située à une « lieue d'ici, on y a logé soixante Cosaques ; au moment « où ils venaient de s'endormir, après s'être enivrés, mon « domestique et moi, nous avons incendié ma maison; j'ai « tout perdu, mais j'ai la satisfaction d'avoir délivré la « France de soixante ennemis ! »

quartier du maréchal Macdonald, commandant en chef. Le parc d'artillerie resta provisoirement à Bar.

Le 27, les Russes présentèrent environ six cents chevaux, qui sans doute venaient nous reconnaître. Au même instant, le général Piré ayant reçu l'avis que l'armée se portait en avant, fit attaquer les six cents chevaux ennemis par sa cavalerie légère, et ils furent enfoncés et culbutés dans la forêt de Clairvaux. En débouchant sur les hauteurs qui couronnent Laferté-sur-Aube, nous avions déjà fait souffrir à l'ennemi une perte de cent soixante hommes tués, blessés ou prisonniers; affaire brillante, où le 3e régiment de hussards se distingua particulièrement. Nous trouvâmes l'arrière-garde ennemie en bataille devant Laferté, et l'armée du prince de Schwartzenberg, formée en plusieurs lignes sur la rive droite de l'Aube. La division Briche et l'infanterie du général Brayer étant arrivées, une forte canonnade s'engagea. L'arrière-garde des alliés tint obstinément pendant deux heures, quoique l'avantage de la position fût pour nous et que, placée dans un fond, elle perdît à chaque instant des hommes et des chevaux enlevés par nos boulets. Enfin, elle est rejetée dans Laferté, et, à onze heures du soir, après une fusillade bien nourrie, on parvient à l'en chasser entièrement. La cavalerie légère qui avait pris une belle part à la gloire de cette journée, occupa Villars, et se garda avec précaution pendant la nuit.

L'empereur venait d'apprendre que le corps de Blücher, se séparait encore des austro-russes, pour se porter sur la Marne, et menacer de nouveau la capitale. Perdant alors l'espoir de faire accepter la bataille au prince de Schwartzenberg, il laissa pour l'observer, les maréchaux ducs de Tarente et de Reggio, et le comte Gérard, avec les corps de cavalerie des généraux Saint-Germain, Kellermann et Milhaud, et poursuivit le feld-maréchal Blücher avec les autres troupes disponibles. Aussitôt que Schwartzenberg fut informé de la diminution de nos forces et de l'absence du grand capitaine, dont il redoutait les talens et la fortune, il arrêta son mouvement de retraite, et se disposa à prendre l'offensive. Il réunit cinquante mille hommes le 27 février, et chassa de ses positions le duc de Reggio, qui voulut se défendre malgré la disproportion de ses troupes. Pendant ce temps, le général de Wrede avait attaqué à Bar inutilement le comte Gérard; prévenu du mouvement rétrograde des corps d'armée qui le flanquaient, ce dernier prit aussi le parti de se retirer.

Le 28, notre avant-garde composée des chasseurs et hussards, des dragons du général Briche et de l'infanterie du général Brayer, se forma sur les hauteurs qui couronnent Laferté, occupant par des détachemens le pont à moitié détruit de cette ville et celui de Silvarouvre. Il n'y eut aucun mouvement de part et d'autre jusqu'à dix heures, que les alliés mirent leurs masses en mouvement. Une colonne de cavalerie austro-russe ayant forcé le passage du pont de Silvarouvre, et nous canonnant déjà en flanc, le comte Milhaud se douta qu'il était également tourné par Clairvaux sur sa gauche, et sentit l'impossibilité de lutter avec avantage contre un ennemi aussi nombreux. En conséquence, il se décide à repasser le défilé de la forêt de Clairvaux, défilé extrêmement dangereux dans sa position, et qu'il n'a le bonheur de traverser sans perte, que pour avoir fait ses dispositions de retraite assez à temps. Arrivés à Fontette, nous y trouvons le duc de Tarente; pressé lui-même par les troupes de l'ennemi qui débouchaient par Saint-Usage et Noë, après leur succès contre le duc de Reggio vers Bar-sur-Aube, il était dans la plus grande inquiétude sur notre compte. La cavalerie légère occupa Fontette jusqu'à minuit avec la division Brayer. L'ennemi, quoiqu'en nombre très-supérieur, ne chercha point à nous en déloger.

Le 1ᵉʳ mars, avant le jour, on rétrograde vers Bar-sur-Seine; la cavalerie ne l'occupe que quelques heures. Le général Brayer n'en sort qu'à la nuit, et plutôt pour suivre le mouvement général que contraint par l'ennemi. Il y eut néanmoins un combat, mais pas aussi considérable que le prince de Schwartzenberg l'a rapporté. Le général Brayer fit éprouver aux alliés une perte de deux ou trois cents hommes; la sienne ne s'éléva pas au delà d'une vingtaine de combattans. Nous reprîmes la grande route de Troyes. Le 5ᵉ corps de cavalerie, exténué de fatigue, passa la nuit à Rumilly, laissant des postes d'observation à Virey, en face des grand'sgardes ennemies.

Bar est situé dans un défilé : nous n'étions pas assez nombreux pour garnir les montagnes qui dominent cette ville. Sans la fatigue des troupes, le duc de Tarente aurait pu se rendre de Bar à Vandœuvres; mais la route de Chatillon restait dégarnie, et l'ennemi serait arrivé sans obstacle sur Troyes par la gauche de la Seine. Le 2, on prit position à Chappes, en avant de Saint-Parre; des détachemens de cavalerie wurtembourgeoise firent des reconnaissances, mais sans nous attaquer.

Le 3, le duc de Reggio et le général Gérard ayant été forcés sur la route de Vandœuvres, et se trouvant acculés sur Troyes, le maréchal Macdonald se vit dans l'obligation de se retirer en toute hâte vers cette place. Nous bivouaquâmes avec l'infanterie du 11e corps au village de Veipoce.

L'armée de Blücher, poussée en queue et en flanc par les ducs de Trévise et de Raguse, et par Napoléon, se repliait de la Marne sur l'Aisne, tandisque l'armée de Schwartzenberg continuait son mouvement offensif contre les troupes aux ordres du duc de Tarente. Ce maréchal, qui n'avait pas plus de vingt mille combattans, et qui était obligé de lutter contre un ennemi présentant plus de quatre-vingt mille hommes, s'était retiré sur la Barce. Le maréchal Macdonald ne pouvant espérer avec aussi peu de monde de tenir sur la rive droite de la Seine, passa cette rivière et évacua la ville de Troyes. L'habileté des manœuvres de l'empereur, depuis qu'il avait repris le commandement, suppléait au petit nombre de ses soldats qui signalaient chaque marche par une victoire. Malheureusement une circonstance imprévue vint déranger un plan si bien concerté. L'officier-général, qui commandait à Soissons, rendit le 2 mars cette place aux alliés. Blücher, dont les troupes en désordre étaient chassées par les Français, se retira sur Soissons, et trouvant un asile derrière l'Aisne, il fit sa jonction avec Woronzow, Wintznigerode et Bulow. Le général prussien, près de mettre bas les armes, se vit donc par cet événement, de vaincu qu'il était, en état de combattre avec avantage.

Le 4, le corps de cavalerie du comte Milhaud prit position à Ocey-les-trois-Maisons, gardant la vieille route de Troyes à Sens, après avoir tourné cette première ville. Une batterie d'obusiers ennemis tirant déjà sur Troyes, et le maréchal Macdonald voulant sauver cette place d'un incendie, autorisa le comte Gérard à demander un délai pour l'évacuation. Les alliés n'accordèrent qu'une heure, et usèrent sans ménagement de leurs avantages, en se livrant pendant deux jours à toutes sortes d'excès (1).

Le 5, le mouvement rétrograde continua, mais l'ennemi ne nous suivant point en force, le 5ᵉ corps de cavalerie qui faisait l'arrière-garde, s'établit à Saint-Aubin, Paraclez et Quinsenay, la cavalerie légère à Longperthe. Les deux divisions de dragons réunies formant encore deux mille cinq cents combattans, et la cavalerie légère étant réduite à six cents chevaux, la brigade Ludot de la division Briche fut mise plusieurs fois à la disposition du général Piré aux avant-postes.

Le 6, l'ennemi montra environ deux mille chevaux, du canon et quelques bataillons de

---

(1) Mémoires de M. Koch sur la Campagne de 1814. 2ᵉ volumes 1ʳᵉ partie.

chasseurs. L'intention du duc de Tarente n'étant pas de livrer combat sur la rive gauche de la Seine, nous rentrâmes dans Nogent, qu'on occupa encore tout le jour. Les alliés firent des dispositions d'attaque, la place n'offrant pas de moyens de défense, fut évacuée dant la nuit, et le pont rompu.

Le 7, nous reprîmes notre ancienne position à Plessis-Mériot, ayant, le corps de cavalerie Saint-Germain, sur notre gauche à Chalautre et Saint-Nicolas. L'ennemi prit poste à Nogent.

Le maréchal Macdonald, qui avait fait établir des batteries sur la rive droite devant Bray, conserva le pont, après s'être assuré les moyens de le détruire si cela était nécessaire. Le 8, les alliés paraissant faire des préparatifs de passage en cet endroit, un mouvement de concentration du 5e corps de cavalerie eut lieu en face de Bray, et la division prit position à Tachy, où elle sé journa jusqu'au 12, fournissant quelques partis pour observer la Seine. Ce repos donné à la cavalerie, qui en avait le plus grand besoin, la disposa à continuer la campagne avec une nouvelle ardeur.

Napoléon venait de battre de nouveau Blücher dans les plaines de Craone. Nos troupes avaient repris Soissons; mais l'empereur, avec sa petite armée, ayant voulu forcer de front la position de Laon, et le duc de Raguse ayant éprouvé un revers à Athies, l'empereur exécuta sa retraite sur Soissons. L'ennemi, dans ces diverses journées, perdit plus de monde que nous; mais rien ne pouvait remplacer, dans la situation où nous étions, les vieux soldats que le feu de l'ennemi nous enlevait.

Pendant ce temps, les rapports, parvenus à M. le maréchal duc de Tarente, annonçaient que Wittgenstein et Wrede étaient encore à Pont-sur-Seine et Nogent, attendant les équipages de pont et des convois de vivres pour passer la Seine. Le maréchal, voulant s'assurer de la force et des projets de l'ennemi, ordonna le 13 une reconnaissance sur Villenoxe, par le comte de Saint-Germain, et une autre sur Sézanne, par le comte Treillard. Cette dernière se composa de la division de cavalerie légère et de la division de dragons du général Treillard, appuyée de quelques bataillons d'infanterie du général Leval. La cavalerie légère quitta ses cantonnemens près Tachy, et passa la nuit à Bazot-Saint-Georges. Le 14, s'étant réunie à la hauteur d'Escarbes aux troupes sous les ordres du comte Treillard, on s'avança sur la grande route de Courgivaux à Sézanne. Nous ne dépassâmes pas Chatillon sans rencontrer l'ennemi, et ses avant-postes s'étant ralliés se retirèrent lentement devant nous. Le général Treillard, qui n'avait pas l'ordre d'attaquer à fond, s'échelonna, et le gé-

Reconnaissance sur Sézanne, le 14.

néral Piré s'approcha de Sézanne avec sa cavalerie pour vérifier ce qui s'y trouvait. Quoique l'ennemi eût plus de quatre mille chevaux, c'est-à-dire, le corps presqu'entier de Platow, commandé par un de ses lieutenans, il ne voulut pas tenir en avant de la ville, s'attendant sans doute à un grand mouvement d'armée contre le point qu'il occupait. Sur ces entrefaites le maire de Sézanne vint au milieu de nous, et nous donna tous les détails que nous pûmes désirer. La perte de l'arrière-garde russe que nous avions poussée devant Sézanne, était d'une trentaine d'hommes tués ou blessés, parmi ces derniers se trouvait un colonel qui ne survécut pas long-temps à sa blessure. Au bout de deux heures tous les postes et patrouilles ennemis étant rentrés, le commandant s'aperçut qu'il n'avait affaire qu'à une forte reconnaissance, et profita de la détermition que le général Treillard avait prise de ne pas se retirer, quoiqu'il eût déjà rempli le but qu'il s'était proposé. En conséquence, rompant ses lignes, et les formant en colonnes, il tourna rapdiement Sézanne par ses flancs, sans entrer dans la ville, et vint nous attaquer sur les hauteurs. La division, ne pouvant soutenir le choc de forces aussi considérables, se rallia pour se replier sur les dragons qui étaient restés en bataille à une lieue en arrière; mais serrée vivement au défilé de Mœurs, elle ne put en effectuer le passage sans perdre quelques hommes de ses pelotons d'arrière-garde, que les Cosaques pourtant n'abordèrent qu'en éprouvant la valeur de ces vieux soldast de l'armée d'Espagne. La retraite s'exécuta ensuite en bon ordre devant les quatre mille chevaux russes, sans qu'ils pussent nous entamer, jusqu'à Chatillon où ils cessèrent de nous suivre. La cavalerie légère revint prendre position à Bazot-Saint-Georges.

Les alliés jetèrent trois ponts sur la Seine, dans la nuit du 13 au 14, et défilèrent à Pont-sur-Seine et au-dessus, pendant plusieurs heures. Le duc de Tarente ordonna la réunion de ses troupes, pour marcher à l'ennemi avec douze mille hommes de toute arme. Le 15, nous nous dirigeâmes vers Provins; la division en arrivant à Saint-Martin, où elle avait passé l'avant-veille trouva ce village occupé par un Pulk de Cosaques, qui y étaient venus pendant la nuit. Nous pouvions les surprendre tous; mais notre avant-garde leur ayant imprudemment donné l'éveil en les attaquant trop tôt, ils eurent le temps de se sauver au galop sur la route, dans la direction de Villenoxe. Nous leur fîmes cependant une quarantaine de prisonniers. Ces Cosaques étaient chargés d'or, fruit de leurs rapines dans la campagne de France. En revenant sur Provins, ainsi qu'on en avait reçu l'ordre, nous faillîmes, vers une heure après-midi, être victimes d'une de ces méprises, qui n'ont guères d'exemple, sur un champ de bataille, qu'au milieu de la nuit. Un bataillon de la jeune-garde qui occupait Fontenai, était depuis le matin sous les armes, parce qu'il avait aperçu les reconnaissances des Cosaques que nous venions de chasser de Saint-Martin. Nous voyant déboucher du même point, ce bataillon nous prend pour l'ennemi, et nous essuyons une fusillade très-vive, malgré tous nos signaux Nous sommes forcés de nous porter en arrière, et nous avons beaucoup de peine à faire cesser le feu. La division s'établit à Lubois.

Le 16, l'armée austro-russe, par une avant-garde de quatorze mille hommes, avait prévenu le duc de Tarente au moment où il allait se porter sur Saint-Martin de Chenestron; l'action s'engage, et nous ne perdons d'abord qu'un peu de terrain à notre gauche, conservant notre droite à l'Échelle; mais l'ennemi nous déborde et occupe Lahoussaie, Saint-Martin-des-Champs et l'Échelle. La cavalerie légère bivouaque avec l'infanterie du 11e corps à Provins.

Le 17, l'ennemi resta en présence, et ne fit aucune démonstration. Le général Kellerman, malade, quitta l'armée; le comte Milhaud eut le commandement en chef des trois corps de cavalerie, réunis à la gauche de la ligne du maréchal. La division prit poste à Rouilly.

Le lendemain, les trois corps de cavalerie se portèrent sur Saint-Martin de Chenestron, éclairant les routes de Laferté-Gaucher et de Sézanne. Le comte Milhaud sut des habitans que l'infanterie ennemie avait rétrogradé le 17 et le 18, se dirigeant vers Villenoxe et Courtavent. Le maréchal se disposa à suivre les traces des alliés, leur retraite inopinée lui annonçant de nouveaux succès de l'empereur.

En effet, après avoir chassé de Rheims le corps de Saint-Priest, débloqué Épernay, vaillamment défendu par soixante braves gardes nationaux, qui résistèrent à toutes les sommations, Napoléon marcha en deux colonnes d'Épernay sur Troyes, pour exécuter sa jonction avec les troupes de Macdonald. Le mouvement de l'empereur fut marqué par les combats de Plancy et de Mery (les 18 et 19), qui mirent en notre pouvoir un grand nombre de prisonniers et un équipage de treize pontons.

Le 18 au soir, le maréchal duc de Tarente fut informé que Napoléon se dirigeait vers Arcis-sur-Aube, et il se mit en marche le lendemain sur Villenoxe pour le rejoindre. La cavalerie légère, après avoir traversé Saint-Martin de Chenestron, arrive à Villenoxe évacué par l'ennemi, et envoie quelques reconnaissances vers Pont-sur-Seine. Nous apprenons que les alliés y ont passé la rivière, et que vraisemblablement il ne leur reste plus que des partis sur la rive droite, puisqu'ils viennent de détruire le pont qu'ils y avaient eux-mêmes jeté. Le général Subervic fit savoir, de Conflans, au maréchal Macdonald que l'empereur était à Plancy, et le comte Gérard lui manda de Nogent que le gros de l'armée ennemie se retirait sur Troyes.

Le 20, la division formant tête de colonne de l'armée du duc de Tarente, continua à remonter la rive droite de l'Aube, et, traversant Anglure, elle alla s'établir à Plancy avec une brigade de dragons.

Le 21, à sept heures du matin, la division se réunit à Arcis aux troupes qui avaient accompagné l'empereur. Elle traverse rapidement le pont, et se forme sur les hauteurs en avant et à gauche de la ville. Nous découvrons une ligne de cavalerie d'une cinquantaine d'escadrons, appuyée par plusieurs batteries. En arrière, on voit distinctement les masses de la grande armée alliée. D'après les dispositions que Napoléon paraît prendre, tout indique une bataille générale, aussitôt que l'infanterie du maréchal Macdonald sera arrivée. Mais l'empereur, qui, depuis la veille à la bataille d'Arcis-sur-Aube, a, malgré sa victoire, reconnu la supériorité des alliés sur le peu de forces qui lui reste, se décide tout-à-coup, en parcourant notre front, à évacuer Arcis et à se porter sur les derrières de l'ennemi. Les documens historiques déjà publiés ont prouvé que cette manœuvre, qui a été si fatale aux troupes françaises, aurait cependant eu pour résultat d'éloigner les alliés de Paris et de les rejeter sur le Rhin, si, la dépêche qui en informait l'impératrice, n'était pas tombée dans les mains de l'ennemi. Cette dépêche fut interceptée au moment où les souverains, dans un grand conseil, avaient déjà projeté de se retirer sur les frontières de la Suisse et de l'Allemagne. La lettre, et plus encore peut-être les renseignemens qui leur furent donnés (si l'on en croit quelques écrivains) par un personnage célèbre, alors écarté des affaires, leur firent changer de résolution et les déterminèrent à marcher sur la capitale. Quoiqu'il en soit, l'armée française ayant pris la route de Vitry, le 5e corps de cavalerie suivit également cette direction, et acheva cette pénible journée, en s'établissant à Métiercelin, dont les habitans montraient beaucoup de zèle pour la défense commune.

Le 22, le 5e corps de cavalerie se mit en marche à six heures du matin, et reprenant le chemin de Vitry, se dirigea vers cette place. En arrivant sur la Marne, nous trouvâmes l'empereur qui nous avait précédés avec une partie de sa garde. Il ordonna au comte Milhaud de passer la rivière à gué, de se mettre en bataille avec ses dragons vis-à-vis de Vitry, qui était occupé par une garnison russe, de sommer le gouverneur de se rendre, en le prévenant que s'il s'y refusait, il serait enlevé de vive force. Ce gouverneur ne se laissa pas intimider. Cependant les colonnes de l'armée arrivaient successivement; Napoléon fit appeler le général Piré, lui dit de joindre à sa division une brigade de dragons et une demi-batterie d'artillerie légère, puis, malgré l'heure avancée et la longueur du chemin, de se rendre avant la nuit à Saint-Dizier, de s'emparer de cette ville et d'en chasser l'ennemi qui y avait établi un grand dépôt. L'empereur prévint en même temps le général Piré que la cavalerie sous ses ordres formerait la tête de colonne, et qu'il serait immédiatement soutenu par les généraux Defrance et Saint-Germain.

Surprise de Saint-Dizier.

La division passa le gué de la Marne, se jeta sur la grande route de Vitry à Saint-Dizier, et marcha avec célérité sur cette dernière ville. Un officier d'état-major, qui nous rejoignit à quelque distance, arrêta la brigade Ludot par ordre supérieur. Nous regrettâmes beaucoup les deux braves régimens qu'on nous ôtait; mais nous continuâmes notre entreprise avec la même ardeur et la même confiance. Les renseignemens que nous recueillîmes en route et particulièrement à Perthe, nous firent connaître que l'on ne nous attendait pas à Saint-Dizier, et que nous avions toute certitude d'y surprendre l'ennemi. Un bataillon russe et un bataillon prussien, appuyés d'un certain nombre de Cosaques composaient la garnison de la ville. Un équipage de pont du général russe comte de Langeron venait d'en partir pour Joinville, et tous les débouchés de Saint-Dizier étaient encombrés de voitures russes, de vivres et de bagages. Le général Piré, qui connaissait bien les localités, résolut de risquer une charge dans la ville ; il en fit prévenir le général Defrance, et l'avertit qu'environ deux cents chevaux d'attelage ou de Cosaques étaient occupés à fourrager sans aucune précaution à Haute-Fontaine et Ambrière-sur-Marne, villages à une demi-lieue à droite de la route. Il l'engagea à couper leur retraite sur Saint-Dizier, et à tâcher de s'en rendre maître. La charge s'exécute avec succès dans la ville, aux acclamations des habitans, les deux bataillons ennemis attaqués au moment où ils essaient de se former, sont entièrement sabrés ou pris, et on s'empare de deux à trois cents voitures. Le colonel Lebailly, commandant la place pour les Prussiens, resta au nombre des morts. Son adjudant et le commissaire des guerre furent faits prisonniers : nous prîmes encore neuf cents hommes, trois cents chevaux et les magasins. La division poursuivit les Cosaques dans la direction de Ligny et de

Joinville. On atteignit aussi quelques fuyards ainsi que l'équipage de pont. Le général Subervic s'empara, sur la route de Joinville, de six charrettes chargées de pain. Les paysans, qui avaient beaucoup souffert des excès de l'ennemi, arrivèrent en foule, firent des prisonniers et se jetèrent sur les bagages et l'équipage de pont qu'ils pillèrent et brulèrent avant qu'on pût y mettre ordre. D'un autre côté le général Defrance avait fait de si bonnes dispositions, qu'il enleva les deux cents fourrageurs ennemis. Le général comte Saint-Germain s'était arrêté à Perthe. Les généraux Piré et Defrance, avec leur cavalerie, occupèrent Saint-Dizier en se gardant sur tous les points, la campagne étant remplie des partis de l'armée alliée. Les habitans de Saint-Dizier nous reçurent avec la plus vive allégresse, et s'empressèrent de donner à nos troupes tous les secours et vivres qui leur furent nécessaires.

L'empereur, dont le quartier-général était à Frignicourt, ayant reçu le rapport de cette affaire, en fit témoigner sa satisfaction par le major-général. Il détache aussitôt la division du 5e corps de cavalerie; informe le général Piré des mouvemens de troupes qu'il projette pour les jours suivans, et lui enjoint de marcher sur Joinville et de jeter des partis sur la route de la

Lorraine et de Chaumont. Nous étions chargés de détruire les nombreux dépôts de l'ennemi établis dans ces diverses contrées et surtout d'intercepter ses communications ; c'était la conséquence de la marche qu'on venait de faire et qui avait coupé sa ligne d'opération.

La division ne comptait plus que quatre cent cinquante chevaux fatigués par une campagne fort active. Nous ferons connaître comment elle exécuta ces instructions avec si peu de monde.

Le 23, à six heures du matin, on rallia les régimens, nous suivîmes le chemin de Joinville. Nous y arrivâmes sans obstacle. L'officier autrichien qui commandait cette place s'enfuit à notre approche avec une soixantaine de cavaliers, mais si précipitamment, qu'il n'eut pas le temps de faire prévenir un détachement de quatre-vingt gardes-du-corps prussiens, cantonnés au village de Mathons, à deux lieues de la ville. Ces jeunes gentilshommes arrivaient de Prusse pour rejoindre leur armée. Un parti des 3e de Hussards et 26e de chasseurs, commandé par le colonel Robert, se porta sur le champ vers le point indiqué. Les Prussiens furent trouvés dans la plus parfaite sécurité, et pris dans les diverses maisons du village, sans faire aucune résistance.

Amenés à Joinville, cent chevaux de race furent répartis dans la division, et cette remonte doubla le prix de notre succès. Le général comte Saint-Germain, qui nous avait suivis, s'était posté avec son corps de cavalerie à Eurville. Vingt-cinq hommes de la garde nationale conduisirent les prisonniers à Saint-Dizier. Dans la nuit nous reçûmes l'ordre de revenir sur Doulevent et d'y précéder l'armée qui devait s'y rendre dans la journée du 24.

Nous marchâmes jusqu'à la hauteur de Courcelle, sans avoir de nouvelles de l'ennemi. Notre escadron d'avant-garde l'ayant rencontré sur le chemin de Doulevent, prit une centaine de Bavarois, des officiers supérieurs, des voitures richement chargées et quelques beaux chevaux de main. Ce détachement bavarois se rendait au dépôt général des alliés à Nancy. Les habitans de Doulevent nous indiquèrent les établissemens de l'ennemi, et nous prévinrent que nous pourrions lui faire beaucoup de mal, parce qu'il ne soupçonnait pas notre présence. On nous informa qu'il avait un grand dépôt à Chaumont; que quatre cent cinquante voitures de vivres et de fourrages étaient réunies à Colombé-les-deux-Eglises, sur le chemin de Bar-sur-Aube à Chaumont; enfin, que des officiers d'état-major vraisemblablement blessés ou malades, se trouvaient, avec leurs chevaux de main, et leurs équipages dans les villages sur la route de Doulevent à Bar-sur-Aube, et dans la vallée de Cirey. Nous envoyâmes aussitôt des patrouilles dans ces directions, et le grand quartier-général étant arrivé à Doulevent, la division se plaça à Daillencourt, en passant par Cirey. Les éclaireurs rentrèrent en ramenant des prisonniers, des chevaux et des voitures. Un grand nombre de lettres particulières de l'ennemi tombèrent dans nos mains, et nous firent connaître combien les étrangers étaient irrités contre la France, et surtout contre Napoléon.

Le 25, tandis que la division Henrion, de la jeune-garde, occupait Bar-sur-Aube, nous nous séparâmes de nouveau de l'armée qui rétrogradait sur St.-Dizier. L'empereur avec le peu de forces qui lui restait, avait espéré éloigner de la capitale le théâtre de la guerre, en donnant de l'inquiétude aux alliés sur leurs communications avec le Rhin. Ceux-ci n'avaient fait suivre l'armée française que par le corps de Wintzingerode, et s'étaient dirigés en masse vers Paris. D'après les dispositions de Napoléon, les maréchaux ducs de Trévise et de Raguse, placés sur la Marne, devaient venir nous rejoindre avec leurs troupes à St.-Dizier; mais ils rencontrèrent l'ennemi en force supérieure,

5.

qui les fit replier avec perte sur la capitale. Les rapports des prisonniers ayant fait soupçonner à l'empereur le véritable mouvement des alliés, il rétrograda pour s'en assurer, et poussa une forte reconnaissance sur Saint-Dizier.

Pendant ce temps la division de cavalerie légère prit la route de Chaumont, par Colombé-les-Deux-Eglises. Nous nous emparâmes, chemin faisant, d'une soixantaine de fourrageurs, parmi lesquels se trouvaient des officiers russes. Nous apprîmes que l'ennemi avait occupé Vignory la veille avec cinq cents chevaux qui en étaient partis le matin pour se retirer à Chaumont. La plus grande confusion régnait dans cette dernière place depuis vingt-quatre heures; à la nouvelle de notre approche, on s'était hâté d'évacuer sur Langres les troupes et le matériel. Ces détails nous furent confirmés à notre arrivée à Juzennecourt par un postillon de Chaumont, expédié à cette poste comme estaffette avec le paquet de la correspondance des alliés. Le général de division envoya ce paquet par un aide-de-camp, au major-général. Nous entrâmes à Chaumont qui ne nous fut point disputé. Une de nos reconnaissances dirigée sur Langres rendit compte que l'ennemi s'y retranchait et qu'il y réunissait quelques troupes. L'empereur d'Autriche avait quitté Bar, la veille, peu de temps avant l'arrivée des Français, et s'était rendu à Dijon. Les autres patrouilles rapportèrent que l'esprit du pays était excellent, qu'elles avaient été reçues partout avec enthousiasme, qu'on leur donnait avec empressement tous les renseignemens possibles, et que les habitans, indignés de l'oppression des troupes étrangères, demandaient des armes et voulaient combattre avec nous.

La journée du 26 fut employée à envoyer des partis et des estaffettes sur tous les points. Le bruit de notre arrivée s'étant rapidement répandu dans tout le pays, les maires des communes les plus rapprochées, s'empressèrent de nous adresser des courriers, pour nous faire part des bonnes dispositions des habitans. Ils nous offraient leurs services et sollicitaient leur armement, afin de chasser les alliés dont la conduite, dans cette partie de la France, avait exaspéré tous les esprits. On envoya ces renseignemens au quartier-impérial, en même temps qu'un nouveau paquet de la correspondance de l'ennemi. Le maître de poste de Clemont qui nous l'apporta, nous remit aussi une circulaire de M. le comte d'Alopéus, gouverneur de la Lorraine pour les Russes. Cette circulaire prescrivait à tous les maîtres de poste sur la ligne, de tenir prêts vingt chevaux pour le passage de personnages importans, qui devaient partir de Nancy le 26 au matin, pour se rendre près des souverains alliés.

Pendant que nous cherchions à deviner quels pouvaient être *ces personnages importans*, et qu'on se perdait en conjectures, un exprès de Neufchâteau nous instruisit que les voyageurs venaient d'y arriver. C'étaient des agens diplomatiques, et on tâchait par toutes sortes de moyens, de leur cacher notre présence à Chaumont. L'exprès ajouta que leur intention étant de partir le lendemain pour cette ville, ils ne pouvaient manquer d'être pris. A cette nouvelle, un détachement du 27e de chasseurs se mit en marche par la traverse pour se rendre à Prey, en laissant Andelot sur la gauche. L'officier avait l'ordre le plus formel de veiller à la sûreté des voyageurs, et de les amener le plus promptement possible au quartier-général de la division; mais déjà une troupe nombreuse de paysans, armés pour la défense de leur territoire, s'était réunie à Morvilliers et s'y était placée en embuscade. Le corps diplomatique parti de Neufchâteau sans aucune défiance, le 27 dans la matinée, et occupant cinq voitures, dont deux à six chevaux, fut arrêté par ce rassemblement, en entrant à Morvilliers. Il y eut d'abord un grand tumulte, cependant le convoi se mit en marche pour Chaumont, sans avoir éprouvé aucun mauvais traitement. Le détachement de chasseurs qui se trouvait à Prey le prit sous son escorte, et il entra à Chaumont à huit heures du soir. Ces agens diplomatiques, accompagnés d'une douzaine de domestiques, étaient au nombre de huit, savoir : pour l'Autriche, M. le baron de Wessemberg, ministre plénipotentiaire à Londres, et M. le comte de Palfi, secrétaire d'ambassade, arrivant tous les deux d'Angleterre ; pour la Suède, M. le lieutenant-général de Skioeldebrand, porteur d'une lettre autographe du prince-royal de Suède pour l'empereur Alexandre ; un ministre du roi de Prusse venant de Francfort ; deux officiers de la garde impériale russe porteurs de dépêches de Saint-Pétersbourg, et deux autres envoyés ou secrétaires d'ambassade des cours Allemandes. Ces prisonniers remirent les portefeuilles contenant leurs dépêches et instructions au général Piré, qui les confia au chef d'état-major pour les porter à l'empereur. Le corps diplomatique monta sur un grand charaban qui avait amené les domestiques ; attelée de quatre chevaux de poste, escortée par cinquante hussards, la voiture partit vers onze heures du soir pour Saint-Dizier. A Joinville on releva l'escorte par un détachement de gardes-d'honneur, et le 28, à neuf heures du matin, l'adjudant-commandant

Auguste Pétiet remit les prisonniers et leurs portefeuilles à l'empereur, au moment où l'armée était déjà en marche pour revenir a Paris par Bar-sur-Aube et Troyes. Il paraît que Napoléon trouva des renseignemens très-précieux dans les papiers des agens diplomatiques. Il en parla plusieurs fois avec vivacité, soit au prince de Wagram, soit au duc de Bassano, et il s'empressa de faire repartir le baron de Wessemberg, en le chargeant pour l'empereur François, d'une lettre, dont il espérait le résultat le plus avantageux.

Pendant les journées des 25, 26 et 27, que la division passa à Chaumont, tout le pays, à quinze lieues à la ronde, avait été parcouru et occupé par nos hussards et chasseurs. De nombreux équipages appartenant à des généraux russes et autrichiens avaient été saisis. Des correspondances s'étaient formées par estaffettes avec les maires de la Bourgogne et de la Lorraine, provinces au pouvoir de l'ennemi. Un mouvement général se préparait dans ces contrées, et on ne craint pas d'affirmer, d'après les rapports positifs qui nous parvinrent à cette époque, qu'on aurait organisé sur les derrières des alliés une insurrection tellement considérable, que toutes leurs communications se seraient trouvées interceptées. Un rapport très-détaillé à ce sujet fut adressé à l'empereur, et on lui proposait d'employer la division de cavalerie légère à fomenter, organiser et soutenir ce mouvement national. Mais Napoléon, préoccupé des événemens qui menaçaient Paris, dont le danger lui avait été démontré par la défaite de Wintzingerode qu'aucun corps ennemi ne soutenait, ne songea plus qu'à rétrograder sur la capitale, et négligea le meilleur moyen, peut-être, d'en rendre l'invasion inutile et momentanée.

Le 28, le général de division, informé par une dépêche du major-général du retour de nos troupes par la Champagne, évacua Chaumont, et se porta à Vignory pour réunir ses détachemens et couvrir le flanc gauche de l'armée. Il reçut bientôt une autre dépêche du prince de Wagram, qui lui prescrivait de ne s'arrêter que le temps nécessaire pour rafraichir les chevaux, jusqu'au moment où il aurait repris l'avant-garde.

Dans la nuit, la cavalerie légère se mit en mouvement par Colombé-les-deux-Eglises, Bar-sur-Aube et Vandœuvres, et ne s'arrêta qu'à Daudes, le 29 au soir. Cette marche forcée continua le lendemain par Troyes et la route de Sens jusqu'à Paizi-Caudon. Tout ce pays entièrement ravagé par la guerre dont il avait été plusieurs fois le théâtre, ne présentait plus de ressources, et nous eûmes beaucoup de peine à nous procurer des vivres et des fourrages.

Le 31, après avoir traversé Villeneuve-l'Archevêque, Thaurigny, Pont-sur-Yonne, Villeneuve et Moret, la division arriva à Saint-Mamert-sur-Seine, ayant parcouru cinquante et une lieues en trois jours.

Les troupes françaises qui étaient entrées à Vienne, à Berlin, à Madrid, à Lisbonne, à Moscow, frémissaient de rage en songeant à la possibilité de l'invasion de notre capitale. Espérant encore prévenir l'ennemi sous ses murs, elles oubliaient leur fatigue, leur nombre. Chaque soldat paraissait avoir une querelle particulière à venger, et jurait au fond du cœur, s'il ne pouvait vaincre, de mourir en vendant chèrement sa vie; mais à Saint-Mamert, nous eûmes la douleur d'apprendre que nos efforts pour défendre Paris étaient désormais superflus; que l'empereur, qui nous précédait en poste, avait trouvé au village de la Cour-de-France, les troupes des ducs de Raguse et de Trévise évacuant la capitale d'après une capitulation conclue avec les alliés. Cette nouvelle répandit la consternation dans l'armée: cependant on attendait les ordres de l'homme avec lequel les souverains de l'Europe ne voulaient plus traiter.

Le 1er avril, la division réduite à trois cent cinquante chevaux, c'est-à-dire, ayant à peine le cadre de ses régimens, par suite de ses combats continuels et de ses marches forcées, séjourna à Saint-Mamert. Le lendemain nous allâmes à Fontainebleau pour y être passés en revue par l'empereur. Cette revue n'eut pas lieu, et nous reçûmes l'ordre de prendre des cantonnemens à Monceaux en arrière d'Essone où le Duc de Raguse était établi avec ses troupes.

Le 3, la division bivouaqua autour du chateau de Ste.-Radegonde. Etonnés de nous trouver en seconde ligne pour la première fois, depuis le commencement de la campagne, nous nous livrâmes à un repos bien nécessaire pendant les journées du 3 et du 4.

Napoléon, à son arrivée à Fontainebleau, avait envoyé le duc de Vicence faire à l'empereur de Russie des propositions de paix favorables aux étrangers, mais le duc était revenu sans avoir pu se faire écouter des souverains alliés. Les lettres et les journaux qui nous parvinrent, nous apprirent que le Sénat avait déposé Napoléon Bonaparte, et organisé un gouvernement provisoire. En même temps nous fûmes informés qu'aussitôt que les troupes françaises seraient réunies, l'intention de l'empereur était de marcher sur la capitale pour en chasser l'armée des alliés. Chacun dans cette entreprise était disposé à faire son devoir, mais on gémissait en songeant aux conséquences d'une bataille sanglante sous les murs de Paris.

Les alliés, instruits de notre mouvement, furent effrayés du résultat d'une bataille que le désespoir pouvait rendre heureuse pour nos armes. Ils se déterminèrent à évacuer la capitale et à prendre position à Meaux. Cet ordre allait être exécuté lorsque le prince de Schwartzenberg rendit compte de ses pourparlers avec le duc de Raguse. Ce maréchal avait consenti à quitter sa position d'Essone et à se retirer par Versailles, sur un point en deça du théâtre de la guerre, entre les autres troupes françaises et la ligne de l'ennemi (1).

Sur ces entrefaites, les maréchaux s'étant réunis, se rendirent chez l'empereur et l'engagèrent à abdiquer. Napoléon se détermina à renoncer au trône en faveur de son fils, l'impératrice conservant la régence. Les ducs de Tarente et de Vicence et le prince de la Moscowa furent chargés de porter aux souverains alliés cette abdication.

Les commissaires reçurent un accueil plus favorable de l'empereur Alexandre, que du gou-

---

(1) Mémoires de M. Koch, pour servir à l'histoire de la campagne de 1814.—Tome 2ᵉ.—Seconde partie.
Ephémérides militaires.—Mois de mars.

vernement provisoire. Les maréchaux crurent même avoir rempli l'objet de leur mission, quand ils virent Alexandre ajourner sa décision au lendemain; mais le mouvement du duc de Raguse détermina l'empereur de Russie à exiger l'abdication absolue de Napoléon, en lui accordant pour retraite, une principauté indépendante, où il lui serait libre d'emmener une partie de sa garde (1).

Tous les matins, au point du jour, le général Piré envoyait une patrouille pour s'informer si les troupes, avec lesquelles il devait se lier, n'avaient point changé de position sans le prévenir. Le 5, elle annonça que le corps entier du duc de Raguse avait quitté Essone, et qu'il ne se trouvait plus un seul régiment entre l'ennemi et nous. A cette nouvelle inattendue, la division prit les armes et se porta sur Essone : les troupes du duc de Trévise y arrivaient aussi ; la cavalerie légère fournit des piquets de service sur la ligne, et s'établit à Plessis-Chenet où elle resta jusqu'au 8 inclusivement.

D'après de nouvelles dispositions, le 9 et le 10, elle fit une marche de flanc, et se rendit au château de Guigneville. Le lendemain, Napoléon ayant signé son abdication pleine et entière,

---

(1) Mémoires de M. Koch, pour servir à l'Histoire de la campagne de 1814, tome 2e, seconde partie.

tous les corps de l'armée envoyèrent à Paris leur adhésion (1) aux actes du gouvernement provisoire. L'armée apprit que ce gouvernement allait traiter de la paix avec les alliés, et que la dynastie des Bourbons était replacée sur le trône de France.

La division se réunit au 5ᵉ corps de cavalerie, les dépôts de ses régimens se joignirent aux escadrons de guerre, et nous cantonnâmes dans les départemens d'Eure-et-Loir et de la Sarthe, jusqu'au 21 juin, époque où le 5ᵉ corps fut dissous, et les régimens répartis dans diverses garnisons.

---

(1) Le prince de Wagram, vice-connétable, qui depuis la chute de Napoléon était devenu la première autorité de l'armée, fit connaître en ces termes son adhésion et celle des troupes au nouveau gouvernement.

Messieurs et sénateurs,

L'armée essentiellement obéissante n'a pas délibéré; elle a manifesté son adhésion quand son devoir le lui a permis. Fidelle à ses sermens, l'armée sera fidelle au prince que la nation française appelle au trône de ses ancêtres.

J'adhère pour moi et pour mon état-major aux actes du Sénat et à ceux du gouvernement provisoire.

Fontainebleau, le 11 avril 1814.

Le prince vice-connétable, major-général,
ALEXANDRE.

PIÈCES OFFICIELLES.

N° Ier.

Rapport du maréchal duc de Bellune, sur le combat de Brienne, le 29 janvier.

Hier, les troupes du 2e corps d'infanterie et du 5e de cavalerie se sont mises en marche de Longeville, à huit heures du matin, pour se diriger sur Brienne. La cavalerie légère de Piré, et les dragons de Milhaud, formant l'avant-garde. Les troupes arrivées à Maizières ont rencontré les postes ennemis qu'elles ont poussés au-delà du défilé qui est entre Brienne et Maizières. Arrivé au débouché, le général Grouchy, qui commandait cette cavalerie, a vu celle de l'ennemi rangée en bataille devant Brienne, au nombre de trois mille chevaux. N'ayant pas assez de force pour l'attaquer, il s'est fait joindre par les divisions Lefebvre Desnouettes et Krasinski, et a disposé quelques batteries pour soutenir l'attaque qu'il voulait faire de la manière suivante : La cavalerie légère de Lefebvre et Krasinski sur la droite, les dragons de l'Héritier au centre avec une batterie, Piré sur la gauche avec une autre batterie. C'est dans cet ordre que la cavalerie se porta en avant pour charger ; mais l'ennemi ne nous a pas attendu, il s'est mis en ordre de colonne, et s'est dirigé sur Brienne qu'il a traversé pour se former de l'autre côté de cette ville sur la route de Bar. Cependant, Grouchy saisissant une occasion heureuse, a fait charger par les dragons les divers escadrons ennemis ; mais trois bataillons russes s'étant formés en carrés pour les soutenir, et ayant fait un feu meurtrier ont forcé nos dragons à se retirer. On ignorait encore qu'il y eût de l'infanterie à Brienne ; celle qui venaît de se montrer, faisant penser qu'elle était soutenue par d'autres, on a jugé convenable de faire des dispositions pour attaquer Brienne. L'infanterie du 2ᵉ corps commença à déboucher, la cavalerie et plusieurs batteries ont été établies à cheval sur la route. Dès ce moment la canonnade a commencé de part et d'autre. Notre infanterie était formée en colonne à mesure qu'elle arrivait. L'attaque générale allait commencer lorsque sa majesté parut. Elle a dirigé elle-même une colonne par la route, et une autre à gauche, tandisqu'une troisième, commandée par le général Chataux, avait ordre de se porter à droite sur le château de Brienne, par le derrière du plateau sur lequel il est situé. Les deux premières colonnes ont attaqué l'ennemi avec vigueur, mais la résistance qu'elles éprouvèrent fut vive, et elles furent obligées de se replier. Les généraux et officiers supérieurs y ayant rétabli l'ordre, les ont reportées en avant, et cette nouvelle attaque s'est soutenue jusqu'à nuit close malgré l'opiniâtreté de l'ennemi, et les pertes considérables que nous éprouvions. C'est dans ce moment que le général Chataux s'est mis en marche pour exécuter l'ordre qu'il avait reçu de s'emparer du château de Brienne. Cette opération s'est faite avec intelligence, Chataux ayant dérobé sa marche à l'ennemi, s'est emparé de cette position sans coup férir, et après y avoir établi quatre cents hommes des 37ᵉ et 56ᵉ, sous les ordres du chef de bataillon Henders, il s'est ensuite porté sur la ville avec l'autre partie de sa troupe, et a forcé l'ennemi de l'abandonner. Les généraux Krasinski et Lefebvre-Desnouettes arrivaient en même temps, ils ont tenté une charge qui n'a pas réussi, et leur retour entraînant l'infanterie du général Duhesme, celui-ci s'est vu dans la nécessité de sortir à son tour de la ville, mais la position supérieure de Brienne était fortement gardée. Une demi-heure après cet événement, l'infanterie du 2ᵉ corps étant en partie ralliée, a attaqué de nouveau Brienne par diverses issues. Cette attaque a été repoussée, et mes troupes harassées et considérablement réduites ont pris position à la droite de Maizières où elles ont passé la nuit.

Ce matin, vers quatre heures, l'armée ennemie a évacué Brienne, et nos troupes y sont entrées aussitôt. Sa retraite peut être attribuée à l'occupation du château. Notre perte en tués et blessés n'est pas encore connue. Les généraux Forestier et Jamin ont été blessés ainsi que le colonel Delabaie. Le colonel Duverger a été tué. C'était un vaillant officier.

DE BELLUNE.

N° 2.

Rapport du maréchal duc de Bellune, sur l'affaire de Mormant, le 17 février 1814.

Les troupes de mon commandement étaient en bataille, ce matin à cinq heures, devant le village de Pequeux. Au point du jour elles se sont mises en mouvement sur trois colonnes. Celle de droite était composée de la 1re division d'infanterie (Chataux) celle du centre du corps de réserve du général Gérard, et celle de gauche de la division Duhesme. Chacune de ces deux divisions était flanquée par une division de dragons. Toutes ces troupes marchant dans cet ordre sur Nangis, ont rencontré l'ennemi à une demi-lieue de Mormant, fort de douze escadrons, de deux mille hommes d'infanterie et de deux pièces de canon. Il a voulu résister ; mais se voyant bientôt débordé, il s'est replié en toute hâte sur sa réserve qui l'attendait en avant du village de Bailly. Sa Majesté connait ce qui s'est passé sur ce point et le résultat de l'attaque brillante qui a été faite par nos dragons. La moitié du corps de Pahlen a été prise avec dix à douze pièces de canon. Le reste a fui dans la direction de Provins ; cette affaire terminée, j'ai continué ma marche, par ordre de l'empereur, pour me rendre à Montereau ; arrivé sous Villeneuve-le-Comte, nous avons vu un corps ennemi assez considérable rangé en bataille. Je l'ai fait attaquer par le général Gérard et par la cavalerie qui était avec moi. C'était la division l'Héritier, et quatre cents chevaux cuirassiers et chasseurs aux ordres du général Bordesoulle. Cette attaque a été faite avec beaucoup de résolution, mais l'ennemi fort de son nombre, a opposé une résistance opiniâtre. Cependant les bonnes dispositions du général Gérard le forcèrent à la retraite...... Le général Bordesoulle a fait une charge qui a coûté trois à quatre cents hommes aux hulans de Schwartzenberg, ce qui a forcé plusieurs bataillons à jeter leurs armes et à s'enfuir dans les bois.... L'ennemi a beaucoup souffert, et j'estime sa perte à deux mille hommes.

La nuit tombait lorsque cet engagement a cessé, les soldats étaient très-fatigués, et il ne nous était plus possible de nous rendre à Montereau. J'ai néanmoins porté les deux divisions du 2ᵉ corps et les dragons à Salins, la réserve et la cavalerie Bordesoulle à Marigny-Laucoup, où je suis moi même....

DE BELLUNE.

Nº 3.

Rapport du comte de Valmy sur l'affaire de Mormant.

La division Treillard, forte de deux mille chevaux, s'étant à peu près formée, le 4ᵉ régiment de dragons étant en tête de la colonne, attaqua la cavalerie ennemie près de Mormant, et la culbuta ; elle tomba ensuite sur deux bataillons, auxquels elle fit mettre bas les armes après leur avoir enlevé plusieurs pièces de canon. Laissant ses prisonniers et l'artillerie derrière elle, elle poursuivit l'ennemi qui se retirait en pleine déroute. Apercevant une colonne d'infanterie assez forte qui cherchait à s'éloigner, je la fis charger en flanc droit et en queue pendant que le corps du général Milhaud se précipitait sur la gauche. Tout fut sabré ou mit bas les armes, sans qu'aucun homme s'échappât. Dès ce moment le corps du général Milhaud et la division Treillard poursuivirent l'ennemi à course de cheval jusques vers la Maison-Rouge. De fatigue on s'arrêta. Sans ce contretemps, je pense qu'on eût été d'une traite à Provins Après avoir repris haleine on se remit en marche, mais le corps de Milhaud ayant pris une autre direction, il fut impossible de serrer l'ennemi qui avait alors une cavalerie supérieure, on la suivit pas à pas jusqu'au delà du village de Vallaine où le corps fit halte. Le 4ᵉ de dragons eut ordre de ne pas quitter l'ennemi qu'il ne fût nuit, ou qu'il n'eût dépassé Provins.

La perte du général Treillard ne s'élève pas au-delà de cent hommes.

Le général comte de VALMY KELLERMANN.

Nº 4.

Rapport du général Bordesoulle, joint au précédent.

En exécution des ordres de Votre Excellence, j'ai appuyé le mouvement de son infanterie sur le village de par un escadron de jeunes hussards et chasseurs qui, après y être entré en le tournant par la gauche, y a sabré quelques centaines d'hommes. Il a ensuite chargé un escadron de hussards et quelques hulans, les a culbutés et poursuivis jusque dans le bois où il les a sabrés de nouveau. Un bataillon d'infanterie les a sauvés. Il a donné sur ce bataillon, et lui a tué du monde, mais n'a pu l'entamer à cause de l'épaisseur du bois. Bien que cette infanterie fût dans le plus grand désordre, et se soit sauvée en jetant ses armes au moment où j'ai lancé un escadron de cavalerie légère sur le village, je me suis porté avec mes deux escadrons de cuirassiers sur six cents hulans de Schwartzenberg et hussards de Joseph II. Cette cavalerie me voyant arriver, a repassé sur le côté gauche de la route où elle a formé une ligne de cinq escadrons. Mes cuirassiers, la plus grande partie recrues de quinze jours, ont franchi la route et sont tombés sur cette ligne, l'ont culbutée dans le bois auquel elle était adossée, et en ont fait un grand massacre. Plus de trois cents ont été sabrés et sont restés sur le champ de bataille....

Je n'ai eu qu'un homme tué et douze blessés.

Comte BORDESOULLE.

N°. 5.

Rapport du général comte Milhaud, sur l'affaire de Mormant.

De Salins, le 17 février.

Hier à midi, le 5ᵉ corps de cavalerie qui avait détaché la division l'Héritier sur la droite de la route de Nangis, par ordre du duc de Bellune, marchait sur la gauche de cette route avec la division Briche et la division Piré. Un aide-de-camp de l'empereur lui vint porter l'ordre de pousser devant lui avec ses deux divisions, tout ce qui était dans la plaine, et de tourner le flanc droit de l'ennemi. Ce mouvement s'exécuta sans hésiter. La brigade de cavalerie légère du général Subervic, fit un mouvement à droite et sabra les tirailleurs de l'infanterie ennemie qui s'étaient avancés dans la plaine, tandis que le général Piré, avec l'autre brigade, marchait sur quinze escadrons ennemis, ayant en seconde ligne derrière lui, la division de dragons Briche. La cavalerie ennemie fut renversée, et son infanterie et son artillerie furent débordées. Pendant ce mouvement très-rapide et décisif, la cavalerie Kellermann chargeait sur la route et la droite de la route. Une colonne d'infanterie voulut en vain faire sa retraite en quittant la route pour gagner un village et un marais, la cavalerie légère Piré, et la brigade de dragons Ludot enfoncèrent les quinze escadrons ennemis qui furent obligés d'abandonner l'infanterie, et au moment où deux escadrons du 16e de dragons et du 4e commandés par le général Kellermann, entraient par la queue du bataillon carré, un escadron du 13e de dragons, et un peloton du 6e pénétrèrent par la tête, et c'est au milieu du carré prisonnier que les généraux Kellermann et Milhaud se sont embrassés.

La cavalerie légère et la division Briche continuèrent de poursuivre l'ennemi l'épée dans les reins, et tuèrent ou prirent plus de cent chevaux ennemis, et sabrèrent beaucoup de hulans, et des Cosaques au défilé près du bois à gauche de Nangis et près de la Maison-Rouge. Douze pièces de canon ont été abandonnées par l'ennemi et au-delà de trois mille prisonniers ont été le résultat des charges combinées des deux corps de cavalerie.

C'est un sapeur du 6e de dragons qui a pris les décorations du général ennemi au milieu du carré. Son nom a été remis à un aide-de-camp de sa Majesté, et les décorations ont été envoyées à M. le maréchal duc de Bellune.

J'aurai l'honneur de faire connaître le nombre des braves militaires qui se sont le plus distingués.

Le général commandant le 5e corps de cavalerie.

Comte de MILHAUD.

P. S. La division l'Héritier qui avait été détachée sur la droite de l'armée a eu deux engagemens avec les hulans autrichiens et les houzards du prince Joseph; elle a tué ou pris une cinquantaine d'hommes et de chevaux, et a pris deux officiers.

N° 6.

Ordre pour M. le général comte Saint-Germain.

A Frignicourt, le 22 mars 1814.

Le général Saint-Germain, le général Defrance et le

général Piré se rendront à Saint-Dizier. Le général Saint-Germain, comme le plus ancien, commandera.

Le général Saint-Germain fera garder le pont et y fera mettre du canon. La cavalerie aura soin de se bien garder.

Le général Saint-Germain enverra des partis sur Bar-sur-Ornain pour en chasser l'ennemi. De Bar-sur-Ornain, l'officier qui commandera enverra des courriers à Verdun et à Saint-Mihiel. Le général Saint-Germain enverra également des partis sur Vassy et Doulevent.

Le général Piré enverra des partis sur Joinville, et le général Defrance en enverra sur Montierender. Ils me feront part des nouvelles qu'ils apprendront.

Le général Piré, par sa position devant arriver le premier à Saint-Dizier, aura soin de bien faire garder le pont, et d'y placer du canon.

Les généraux Saint-Germain, Defrance et Piré, exécuteront les dispositions du présent ordre, chacun en ce qui le concerne.

Le prince vice-connétable, major-général.

ALEXANDRE.

N° 7.

Au château le Plécy, le 22 mars 1814.

Huit heures et demie du soir.

M. le général Piré, je viens de lire votre rapport à sa Majesté qui est très-satisfaite de tout ce que vous avez fait à Saint-Dizier. Je vous envoie le duplicata d'un ordre que je vous ai expédié à cinq heures du soir. Donnez-en connaissance au général Saint-Germain et au général Defrance. Sa majesté est très-fâchée que vous ayez fait bruler les pontons; il n'y avait aucun danger puisque l'armée arrive. S'il est temps encore, qu'on les conserve; c'est ce qui est le plus précieux pour nous, parce que nous en manquons.

Le prince vice-connétable, major-général.

ALEXANDRE.

N° 8.

De Plécy, le 22 mars 1814.

Neuf heures du soir.

M. le général Piré, l'empereur ordonne que vous vous

portiez avec toute votre division sur Joinville ; que de là vous poussiez de forts partis dans toutes les directions pour faire le plus de prises possibles à l'ennemi. On doit trouver beaucoup de choses à Joinville, et sur les directions qui y aboutissent. Partez donc demain avant le jour, et marchez vivement. Toute l'armée vous suit. Prévenez le général Saint-Germain de l'ordre que je vous donne.

Le prince vice-connétable, major-général.

ALEXANDRE.

N° 9.

Saint-Dizier, le 23 mars 1814.

A une heure après midi.

M. le général Piré, l'intention de l'empereur est que vous fassiez connaître, de municipalité en municipalité, à Chaumont et à Neufchateau, notre arrivée, et que vous donniez l'ordre au district de Neufchateau de se lever en masse.

Le prince vice-connétable, major-général.

ALEXANDRE.

N° 10.

Saint-Dizier, le 23 mars 1814.

Quatre heures de l'après midi.

M. le général Piré, le général Saint-Germain commandant le 2ᵉ corps de cavalerie, se porte avec sa division de cuirassiers et son artillerie, à deux ou trois lieues de Saint-Dizier, sur la route de Joinville, pour vous soutenir. Vous serez sous les ordres de ce général.

L'empereur me charge de vous faire connaître qu'il est très-important que vous poussiez des partis sur Doulevent, route de Bar-sur-Aube et Brienne, et sur Chaumont.

Le général Defrance se porte à Void, et mille chevaux de cavalerie légère se portent sur Saint-Mihiel.

L'armée ennemie s'était appuyée d'Arcis-sur-Aube, sur Lesmont. L'empereur s'attend à avoir des nouvelles de son mouvement, par vous qui êtes à Joinville. Vous pouvez, si cela était nécessaire, demander au général Saint-Germain de vous appuyer. Envoyez des paysans sur

Brienne, Chaumont et Bar-sur-Aube, pour connaître les mouvemens de l'ennemi.

Le prince vice-connétable, major-général.

ALEXANDRE.

N° 11.

Saint-Dizier, le 23 mars 1814.

Onze heures du soir.

M. le général Piré, l'intention de l'empereur est que vous vous dirigiez par le plus court chemin, sur la route de Saint-Dizier à Bar-sur-Aube. Comme vous êtes à Joinville, vous pourrez joindre à Doulevent où vous nous attendrez. nous partons d'ici, demain au jour.

Le prince vice-connétable, major-général.

ALEXANDRE.

N° 12.

Doulevent, le 23 mars 1814.

Quatre heures du matin.

M. le général Piré, l'empereur ordonne que vous vous rendiez sur Chaumont, et que vous poussiez quelques partis sur Langres, afin de donner à sa Majesté des renseignemens sur la facilité qu'il y aurait de s'emparer de cette ville qu'on assure que l'ennemi a fortifiée.

Je charge M. l'ordonnateur Daure, d'envoyer sur-le-champ un commissaire des guerres à Bar-sur-Aube, pour y faire des vivres, et d'en envoyer un également à Chaumont.

Le prince, major-général.

ALEXANDRE.

N° 13.

Doulevent, le 25 mars 1814.

Onze heures du matin.

M. le général Piré, je reçois votre lettre datée de Daillancourt. Cinq cents hommes de cavalerie ont eu l'ordre de partir de Saint-Dizier pour se rendre à Joinville, ce qui vraisemblablement fera évacuer les troupes ennemies que vous dites être à Sommaucourt. D'après tous les renseignemens qui nous parviennent, Chaumont paraît être évacué, nous occupons Bar-sur-Aube. Tout ce qui était dans cette ville s'est retiré sur Chatillon-sur-Seine, nous attendons de vos nouvelles.

Le prince, major-général.

ALEXANDRE.

Nº 14.

Doulevent, le 26 mars 1814.

Quatre heures et demie du matin.

M. le général Piré, l'empereur se rend sur Saint-Dizier pour faire repasser la Marne à l'ennemi. Nous avons eu toute la journée d'hier un poste de cavalerie à Joinville. Nous avons la division Henriou de la jeune garde à Bar-sur-Aube. Prévenez le commandant de tout ce qu'il y aura de nouveau : continuez d'intercepter les courriers de l'ennemi, et à lui faire le plus de mal possible, et d'organiser la garde nationale à Chaumont. Envoyez un parti pour communiquer avec celui qui est à Joinville. Envoyez de forts partis sur Langres. L'empereur part avec sa garde pour Vassy. Vous nous donnerez de vos nouvelles.

Le prince, vice-connétable, major-général.

ALEXANDRE.

Nº 15.

De Chaumont, le 26.

A onze heures du matin.

Monseigneur,

J'ai l'honneur de vous adresser l'estaffette ennemie arrivant de Nancy. Il est porteur d'un ordre, daté de Nancy et signé de M. d'Alopéus, gouverneur de la Lorraine, par lequel on ordonne aux maîtres de poste de tenir prêts vingt chevaux pour le passage de voyageurs de considération qui doivent partir de Nancy le 26 mars (aujourd'hui) à huit heures du matin. Il paraît d'après cela qu'à Nancy on ignorait encore hier, vingt-cinq, que nous avons intercepté les communications. Je vais faire partir un détachement pour aller au-devant de ces voyageurs, et tâcher de m'en emparer. Je l'espère d'autant plus, qu'une centaine de chevaux vurtembourgeois, venant de Neufchateau, sont venus jusqu'à Mendres, ignorant l'occupation de Chaumont par nos troupes. Malheureusement ils ont été avertis par l'indiscrétion d'un paysan; mais il n'est pas sûr qu'ils puissent se sauver, car il n'y a plus de sureté pour les petits partis ennemis à plus de dix lieues à la ronde; les habitans sont tous en mouvement, et ils attaquent tout ce qu'ils rencontrent lorsque cela leur est possible. Ils m'ont amené aujourd'hui une centaine de prisonniers dont vingt-deux cavaliers vurtembourgeois montés. J'attends demain un convoi de bœufs qu'ils ont arrêté à sept lieues d'ici. On m'assure que pendant que l'arrière-garde du général Reigecourt se mettait en bataille devant ma reconnaissance de ce matin sur Langres, les habitans des communes voisines de cette ville se sont jetés sur la queue de son convoi de bagages, et l'ont enlevé, en assommant les conducteurs.

Le maire de Montigny écrit à M. le préfet par intérim, qu'il croit que l'intention de l'ennemi est d'évacuer Langres, ce qui serait contraire au dernier rapport, je m'en assurerai demain matin.

Une cinquantaine d'officiers ou soldats Français échappés des prisons de l'ennemi, se sont réfugiés près de moi, je les ferai conduire demain à Bar-sur-Aube avec mes prisonniers. Plusieurs de ces militaires appartiennent à la garde impériale. Je viens de communiquer avec Joinville, il est important que ce point ne soit abandonné dans aucun cas, sans que j'en sois averti, et je prie Votre Altesse, d'avoir la bonté d'en donner l'ordre à l'officier supérieur qui y commande.

Je suis avec un profond respect, etc.

Le baron de PIRÉ.

N° 16.

Saint-Dizier, le 27 mars 1814.

Dix heures du matin.

M. le général Piré, j'ai reçu toutes vos lettres. L'empereur est satisfait de toutes vos dispositions. Continuez à faire le plus de mal que vous pourrez à l'ennemi. Tâchez d'avoir du pain et de nous en envoyer ici.

Hier, le corps de Wintzingerode et de Tettenborn suivait notre arrière-garde sur Vassy. Il y avait deux divisions d'infanterie et six mille chevaux. L'empereur les a attaqués, les a culbutés au-delà de la Marne, que nous avons passée pêle-mêle avec eux. La retraite sur Vitry leur a été coupée ; ils ont été poursuivis jusqu'à Bar-sur-Ornain. Nous avons fait deux mille prisonniers, dont quatre cent cinquante hommes de cavalerie, pris dix-huit pièces de canon. Le duc de Reggio doit être dans ce moment à Bar. Le quartier-général est ici. L'empereur fait prendre de vive force la place de Vitry. Nous occupons Joinville. La division du général Henrion est à Bar-sur-Aube. Le général Souham est à Troyes.

Le prince, vice-connétable, major-général.

ALEXANDRE.

N° 17.

Saint-Dizier, le 27 mars 1814.

Onze heures du soir.

M. le général Piré, j'ai reçu vos lettres du 26 et du 27, et les lettres interceptées de Nancy. Comme je vous l'ai mandé, nous avons battu hier à Saint-Dizier, et presque détruit, le corps de Wintzingerode. Nous nous portons demain sur Doulevent, ce qui nous approche de vous. C'est sur ce point qu'il faut m'envoyer vos dépêches.

Le prince, vice-connétable, major-général.

ALEXANDRE.

N° 18.

A une demi-lieue de Doulevent, à Courcelle-sur-Blaise, le 28 mars 1814.

Quatre heures du soir.

M. le général Piré, je reçois vos deux lettres du 28. Dans l'une vous me prévenez que vous vous portez sur Vignory. L'intention de l'empereur est que demain vous reployiez sur vous les cent hommes de gardes d'honneur qui sont à Joinville; avec votre division et ces cent chevaux, vous vous porterez entre Bar-sur-Aube et Colombé pour couvrir notre gauche. L'empereur sera ce soir à Bar-sur-Aube.

Le prince, vice-connétable, major-général.

ALEXANDRE.

N° 19.

Doulevent, le 29 mars 1814.

A trois heures du matin.

M. le général Piré, je reçois votre lettre, de Vignory, à huit heures du soir. Je vous ai mandé hier qu'avec les cent hommes qui étaient à Joinville, vous deviez manœuvrer aujourd'hui pour vous porter dans la direction entre Colombé et Bar, pour couvrir notre flanc gauche. Nous continuons notre mouvement par Bar-sur-Aube sur Troyes. Donnez-nous des nouvelles. L'empereur aurait bien désiré que les vivres et les souliers qui se trouvent à Chaumont nous arrivassent. Comment le pays ne peut-il pas fournir des chevaux et des voitures ? Ordonnez tout ce que vous jugerez convenable pour que ces objets puissent nous parvenir. Chaque hussard aurait pu prendre et porter quatre à cinq paires de souliers.

Le prince, vice-connétable, major-général.

ALEXANDRE.

N° 20.

Troyes, le 30 mars 1814.

Dix heures du matin.

M. le général Piré, à votre arrivée à Troyes, suivez la route de Villeneuve-l'Archevêque, Sens et Fontainebleau pour nous rejoindre le plutôt possible.

L'empereur couchera ce soir à Villeneuve-l'Archevêque.

Le prince, vice-connétable, major-général.

ALEXANDRE.

N° 21.

Fontainebleau, le 2 avril 1814.

Quatre heures du matin.

M. le général Piré, l'empereur ordonne que votre division se mette en marche ce matin avec les trois divisions de cavalerie de la garde, aux ordres du général Sébastiani, pour arriver à Fontainebleau, de manière à ce que sa Majesté puisse en passer la revue à dix ou onze heures du matin dans la cour du Cheval-Blanc.

Aussitôt après la revue, vous continuerez votre marche avec votre division pour aller vous cantonner du côté de Monceaux, à une lieue derrière Essonne, et vous prendrez les ordres du duc de Raguse, si ce maréchal était attaqué.

Le prince, major-général,

ALEXANDRE.

www.ingramcontent.com/pod-product-compliance
Lightning Source LLC
Chambersburg PA
CBHW070318100426
42743CB00011B/2470